Administration
Industrielle
Et Générale

工业管理与一般管理

［法］亨利·法约尔 著
（Henri Fayol）

朱智文 译

中国科学技术出版社
·北 京·

图书在版编目（CIP）数据

工业管理与一般管理 /（法）亨利·法约尔
（Henri Fayol）著；朱智文译 . —北京：中国科学技
术出版社，2023.2
ISBN 978-7-5046-9604-5

Ⅰ . ①工… Ⅱ . ①亨… ②朱… Ⅲ . ①法约尔管理论
Ⅳ . ① C93

中国版本图书馆 CIP 数据核字（2022）第 076556 号

策划编辑	申永刚　王碧玉	责任编辑	陈　思
封面设计	仙境设计	版式设计	蚂蚁设计
责任校对	邓雪梅	责任印制	李晓霖

出　　版	中国科学技术出版社
发　　行	中国科学技术出版社有限公司发行部
地　　址	北京市海淀区中关村南大街 16 号
邮　　编	100081
发行电话	010-62173865
传　　真	010-62173081
网　　址	http://www.cspbooks.com.cn

开　　本	880mm×1230mm　1/32
字　　数	89 千字
印　　张	6.75
版　　次	2023 年 2 月第 1 版
印　　次	2023 年 2 月第 1 次印刷
印　　刷	北京盛通印刷股份有限公司
书　　号	ISBN 978-7-5046-9604-5/C·217
定　　价	69.00 元

在浩如烟海的管理学著作中，有不少经典之作以其远见卓识一直备受瞩目。无论时代如何变迁，管理实践如何进化，这些管理思想仍有极强的借鉴意义，是当下众多管理思潮的源头活水。

被称为"科学管理之父"的弗雷德里克·泰勒（Frederick Taylor）所提出的"科学管理"体系，让管理科学迈上了新的台阶，彼得·德鲁克（Peter Drucker）曾提到，这种科学的理论让体力劳动者的效率提升了百倍。同时代的亨利·法约尔（Henri Fayol）也是杰出的经营管理思想家，与注重实操的泰勒有所不同，他在企业管理理论层面贡献卓著，提出了"一般管理理论"，被亨利·明茨伯格（Henry Mintzberg）、哈罗德·孔茨（Harold Koontz）等主流管理学家认可，其理论被不断完善。人本主义心理学的代表人物亚伯拉罕·马斯洛，其"优心管理"（亦可称为"开明管理"）思想以其著名的马斯洛需求层次理论为基石，其中的人性管理思想在首次成册后半个多世纪的今天仍具有前瞻性……

这些作品因初次编写的时间较为久远，可能也有部分论述略显过时。毕竟，中国的管理者们一直走在变革的前沿，直面不断进步的社会现实和错综复杂的竞争环境。但如是经典著作中的基础理论，是众多管理学大师的智慧结晶，也是管理科学与哲学、心理学、数学等基础学科的实践和理论相交融的结果，其中的思想扎实、清晰、富有真理的光芒，不因时代和流行的变迁折损丝毫价值，故而予以保留。

望读者在阅读中有所收获。

管理学书籍琳琅满目，风格流派各不相同，但不少经典著作从诞生之日起，便有了划时代的意义。在接下来的一个世纪里，这些巨作一直被不停地重印、再版，给人以思想启迪，无数的管理者将其奉为"管理圣经"。如今，我有幸与管理学大师们相遇，也有幸与你相遇。

每当完成一本译稿，我都会如释重负，这一次也不例外。

为了适应现代社会化大生产的需要，管理学应运而生，目的是在现有的条件下，合理组织和配置人、财、物等，提高生产力水平。但在这些经典著作中，与其说作者在教你如何管理，倒不如说是在教你应该如何深入了解人性，即如何把人这一生产要素，作为可以推动企业乃至社会进步的资源，充分发挥每个人的智慧，尽力挖掘每个人的潜能，而不是只把人当作一个"经济人"，或者某个项目的成本。这也是这些经典著作所吸引我的理论视角。

对员工和各级人员的管理是企业成功的"关键"。对管理人员来说，应该更多关注其职能作用，而不是行使该职能的人的地位。这可能也是许多人对这些著作感兴趣的原因之一。书中传达的卓越思想理念大都来源于作者对实践的总结和思考。

企业就是一个系统，像人的身体一样拥有功能不同却各司其职的器官，而管理者便是企业的大脑。管理是一种职能，可以像大脑一样发号施令的职能，目的就是让各个器官协调运作，提高整体的工作效率。管理者和员工的工作和职责应该是均衡的。管理者应该承担起那些职责范围内的工作，在这些工作上，管理者比工人更能胜任，而不是像过去一样，把所有工作和大部分的职责都推给工人。

　　作者在书中对一些名词给出了自己的解释，并对经典案例进行了分析，这些案例大部分都是作者在管理生涯中所经历的，或是自己做过相关的实验，比如，什么是"磨洋工"，"财富最大化"具体指什么。我们一般会认为，"财富最大化"就是指公司要获得高额的利润，每个部门也要获得一定的利润，但实际上，企业内部每一个部门的发展都达到最佳状态也算是一种"财富"，并且，唯有如此，企业才能长久地获得财富。同样，"财富最大化"并不是说要让员工拿到更多的薪水，而是说每个人都能达到效率最大化的状态。

　　"如果没有选择合适的控制方法，那么大多数控制行为都会以失败而告终。"

我在前面提过，人性是这套书的核心。我很喜欢这些经典著作中的一个论点："控制"的本质并不是让人来配合管理的需求，而是要对人性选择性适应，这样才能行之有效地提高控制水平。但是，很多人都不切实际地希望管理可以像一个被设定好的程序那样，只要管理者将操作流程烂熟于心，按下按钮，员工就可以像机器一样日复一日地重复着相同的动作，按照管理者的计划，批量产出成果。我渐渐意识到，管理者忽略了人性的自然规律，他们试图根据自己的主观意愿改变他人，却忘记了人具有成长的潜质，导致"控制"他人的行为不能像完成流水工程任务那样卓有成效。

虽然这些作品中有不少事例以及实验过程，叙述方式也简单生动，但是里面的内容是相当严谨的，多以科学研究文献和观察实验为基础。正是由于这样的特性，我清晰地看到了这些管理学大师对管理学本质的独特见解，同时，我对"人"也有了更直观的认识。我很享受这样的学习过程。

　　总的来说，虽然这些书的年代有些久远，随着人们素质和社会的发展，书中部分理论可能不会得到所有人的认同，但它们对管理学和企业的发展有着不可估量的价值。比如，它们帮助管理者从把员工作为只是产生经济价值的"工具人"，到意识到所有人都需要社会满足感、尊重、社会价值等。无论如何，这些著作是管理史上的里程碑，这些管理学大师的思想具有深远意义，随着时代的发展，这些意义逐渐彰显出来，希望读者也能和我一样从中获得启迪。

译者简介

　　教育管理博士、组织发展与教育培训专家，善于将商学理论与企业实践相结合，通过"行动咨询"的方式，帮助企业解决经营管理与人才发展难题。以色列 SIT 创新导师，曾担任复泰实战商学院副院长、复旦大学管理学院高级管理

朱智文

人员发展中心总监、图易经理人顾问公司董事和总经理、上海人才服务行业协会培训专业组长等职务。

管理在各个领域的发展中都起着非常重要的作用：无论大规模的企业、规模尚小的企业，或是工业、商业等其他方面，都是如此。我打算在这本书里阐述如何充分发挥管理的作用，论述将分为四个部分：

第一部分：管理教学的必要性和可能性

第二部分：管理的原则与要素

第三部分：个人观察和经验

第四部分：战争的教训

本书的前两部分是 1908 年我在圣埃蒂安举行的法国矿业协会 50 周年纪念会上所做的演讲后续发展而成的。第三和第四部分将是第二卷的主题，不久也将出版[①]。

[①] 第三和第四部分未曾出版。——编者注

目录 ✔

001
PART 1

第一部分
管理教学的必要性和可能性

第一章　管理的定义 － 003

　　　　一、技术活动 － 004

　　　　二、商务活动 － 004

　　　　三、金融活动 － 005

　　　　四、安全活动 － 006

　　　　五、财务活动 － 006

　　　　六、管理活动 － 007

第二章　构成相关人员价值的各种能力的相对

　　　　重要性 － 011

第三章　管理教学的必要性与可能性 － 021

027 **第二部分**
PART 2 **管理的原则与要素**

第四章　管理的一般原则 – 029

一、劳动分工 – 030

二、权力与职责 – 032

三、纪律 – 034

四、指挥要统一 – 037

五、一个领导，一项计划 – 041

六、个人利益与整体利益——个人服从整体 – 041

七、人员的报酬 – 042

八、集权 – 054

九、等级制度 – 057

十、秩序 – 061

十一、公平 – 065

十二、稳定的人员配置 – 066

十三、创新问题 – 067

十四、人员的团结 – 068

第五章　管理的要素 － 073

一、计划 － 073

二、组织 － 093

三、指挥 － 174

四、协调 － 187

五、控制 － 195

第一部分
管理教学的必要性和可能性

工业管理与一般管理
Administration Industrielle Et Générale

第一章
管理的定义

企业的全部活动可分为以下 6 组：

（1）技术活动（生产、制造、加工）

（2）商业活动（购买、销售、交换）

（3）金融活动（筹集且将资本最恰当地运用）

（4）安全活动（保护人员和财产安全）

（5）财务活动（财产清点、资产负债表、成本、统计等）

（6）管理活动（计划、组织、指挥、协调和控制）

对于任何一家企业来说，无论其规模大小，复杂还是简单，这 6 组活动（或者说基本职能）都是不可避免的。

对于前面 5 组的活动，我们很熟悉，用简单的几句话就能将其范畴区分开，但对于第 6 组中的管理活动，我们要将其解释清楚，就需要更多的说明了。

一、技术活动

技术活动尤为重要，各种性质的产品（物质的、智力的、道德的）都源于技术人员，我们的技术学校几乎都是职业教育，这有助于培养技术人员的技术能力，使其从其他能力中脱颖而出，而这些能力不仅是必要的，更是有利于企业的进步和繁荣。然而，技术活动并不总是最重要的。即使在工业企业中，也存在其他某些活动可能对企业经营的影响比技术活动大得多的情况。我们不应忽视这 6 组活动是相互依存的。例如，如果没有原材料、销售渠道、资金、安全和预见性，就不可能存在技术活动。

二、商务活动

一个工业企业要想繁荣发展，不单与技术活动有关，在很大程度上更是与商务活动有着不可分割的关系。这是一个很简单的道理：如果生产出来的产品卖不出去，那企业就会破产。很明显，与懂得生产产品相比，学会如何销售同样重要。商务能力除了包括敏锐的眼光和决策能力外，还包括对市场和竞争对手实力的全面了解、长期远见，以及在大规模企业中也要注意合同的应用。

最后，当产品从一个部门转移到另一个部门时，商务部门必须确保由企业决策部门确定的价格（称为"管制"价格）不会将企业置于危险的境地。

三、金融活动

一家企业内如果没有金融活动，那么这家企业便难以为继，企业内的人员、厂房、设备、原材料、股票红利、修缮、储备金等都需要资本。为了获得资本，同时最适当地利用这些可用资本以及避免轻率的投资，金融管理的必要性可见一斑。不得不说，很多本来可以兴旺发展的企业因为资金管理不到位而倒闭。在缺乏流动资金和良性信贷的情况下，任何企业内部的革新、修缮都是不可能的，任何一个企业要想成功的前提就是重视企业的财务情况，实现良性的财务管理。

📝 四、安全活动

　　这项活动的重要任务就是保障企业内的财产和人员安全。对于那些可能存在的危害企业发展的因素事先排除，如预防偷盗、火灾、水灾，消除罢工、行凶暴行等。

　　安全活动可以说是老板的眼睛，或者企业内的警犬、警察、军队，它是保障企业安全存在和发展的前提。

📝 五、财务活动

　　这是企业的"视觉器官"，它能使人随时了解企业处于什么状况并且在未来如何发展，能让人清楚地了解企业的经济形势。一个好的财务制度应该是简单明确的，能让人对企业的状况一目了然，也是管理者管理企业的有力工具。就财务活动而言，就像对其他活动一样，教育是必不可少的，而大型工业培训机构对相关教育的冷漠态度表明，培训财务活动所能提供的益处并没有得到重视。

六、管理活动

上述任何一个活动都没有责任制订企业经营的总体计划，也不负责调配组织人员，协调工作和活动。这些职能不在技术活动范围内，也不在商业、金融、安全或财务范围内。它们组成了另一组，通常用术语"管理"来表示，其具有一些定义不清的属性和边界。正如人们所理解的那样，计划、组织、协调和控制无疑是管理的一部分。但指挥是否包括在内？它不是强制包括的，指挥可以作为一个单独的部分。尽管如此，我还是决定把它纳入管理的范畴，原因如下：

（1）招聘、人员培训以及建立社会组织这些属于管理范畴的活动都与管理层的指挥密切相关。

（2）指挥的大多数原则也就是管理的原则，管理与指挥是难以明确区分的，如果仅从研究的视角来看，将二者结合起来研究似乎更有成效。

（3）另外，将二者结合起来能组成一个非常重要的活动，同"技术活动"一样能吸引更多的公众关注。

我们可以通过以下概念进行定义：

管理：就是实行计划、组织、指挥、协调和控制。

计划：就是探索未来、制订行动计划。

组织：就是建立企业的物质和社会的双重结构。

指挥：就是让各组织、各部门人员发挥作用。

协调：就是连接、联合、协调所有的活动与各组织的力量。

控制：就是注意是否一切都按已制定的规章和下达的命令进行。

管理，既不是企业负责人或高层成员的专属特权，也不是他们的特殊责任；它是一种活动，像所有其他活动一样，在企业负责人和成员之间传播。

管理活动与其他 5 组基本活动截然不同，它不应与其他职能相混淆。

领导是指通过从所有可用资源中，获得最佳利益来引导企业实现其目标。

治理是指通过寻求从所有可用资源中获得最佳优势，并确保 6 组基本活动顺利运作，从而使企业朝着目标前进。管理只是 6 组活动中的一项，政府必须确保其顺利运作，但由于它在高层管理人员所扮演的角色中占有重要地位，有时人们会以为领导就是单纯的管理。

第二章
构成相关人员价值的各种能力的相对重要性

每一组活动或基本功能都存在着相应的特殊能力，可分为技术能力、商业能力、金融能力、管理能力等。每一种都是基于素质和知识的结合，因此可以总结为：

（1）身体——健康、精力旺盛、行动敏捷。

（2）智力——理解力、学习能力、判断力、头脑灵活、精力充沛。

（3）道德——自尊、自强、坚韧、有毅力、有责任心和创新精神、忠诚。

（4）通识——具有超越自身职责范围的其他方面的知识。

（5）专业知识——技术、商业、金融、管理等专业职能知识。

（6）经验——在工作、业务中获得的知识，这是人们从实践中学习到的经验教训。

以上是组成任意基本能力所需的全部素质和知识，它包括身体、智力和道德的素质，还包括一般文化经验及职能的专业范围内的知识。其中，组成能力的每一种因素的重要性与其职能的性质和重要性都有关系。如果是一家很小的企业，所有的职能都是由一个人完成的，所需能力的程度自然很小。在大型企业中，开展各种重要的活动，人员必须具备更多高层次的能力，但由于这些职能分散在许多员工身上，每一个人通常只需要具备各种能力中的一部分。

尽管这方面不适合用数字表示，但我尝试着用数字表明某一种能力在企业员工和领导者才能中的相对重要性。很明显，我们能看出，表2-1适用于工业企业里对应职能的人员，而表2-2得出的结论则适用于各种规模的企业领导者，据此，我们便能得出一些结论：

"在各类型的企业中，企业内部的下级人员的主要能力体现在其职业能力上，而上级和高层的领导者的主要能力则是体现在其管理能力上。"

此处比较了各种规模的工业企业不同领导者的必要能力。

表2-1 大型工业企业技术职能人员必要能力的相对重要性（%）

人员类别	能力						
	管理	技术	商业	金融	安全	财务	总值
大型企业：							
工人	5	85	—	—	5	5	100（a）
工长	15	60	5	—	10	10	100（b）
车间主任	25	45	5	—	10	15	100（c）
分厂长	30	30	5	5	10	20	100（d）
部门经理	35	30	10	5	10	10	100（e）
经理	40	15	·15	10	10	10	100（f）
联合企业：							
总经理	50	10	10	10	10	10	100（g）
国家企业：							
部长	50	10	10	10	10	10	100（h）
总统	60	8	8	8	8	8	100（i）

表 2-2　各种规模的工业企业领导者的必要能力的相对重要性（%）

领导者类别	能力						
	管理	技术	商业	金融	安全	财务	总值
初级企业	15	40	20	10	5	10	100（m）
小型企业	25	30	15	10	10	10	100（n）
中型企业	30	25	15	10	10	10	100（o）
大型企业	40	15	15	10	10	10	100（p）
特大型企业	50	10	10	10	10	10	100（q）
国家企业	60	8	8	8	8	8	100（r）

这些人员构成了以下一系列等级：工人、工长、车间主任、分厂长、部门领导、经理。如果企业包括几个大型的独立机构，那么这个链条就会一直延续到总经理；如果是政府企业，那么技术链条就会一直延续到部长和国家元首（总统）。表 2-1 表明了每个人的每项基本能力在其全部价值中所占的比例。

在任何情况下，我们都用数目 100 来表示其全部价值，假定这是一个完美的人——无论他是一名普通的工人还是部门领导或者国家领导者。值得注意的是，这里不存在将工人的评估与工头、经理或国家首脑的评估进行比较的问题，我们无法用一个完美的平衡尺度来同等地衡量其价值。这里的a、b、c、d……m、n、o、p……性质不同，重要性也不同。从一个等级到另一个等级，其组成因素也不是一成不变的，这就导致了其组成因素也在变化，以至于一个下属人员无论是技术还是管理或者其他方面的能力，与一个领导者在这些方面的能力都无法找到任何共同之处。

我只是希望能尽量表达出构成一个员工价值的各方面能力的相对重要性。不管这个人属于哪一岗位、负责什么，构成其全部价值的各方面的比率，这只是我个人的意见，而且这一比率一定会引起争论，我并不否认这一点，但是我也相信，无论会引发什么样的争论，我给出的结论都是有效的。

以下就是这些结论：

（1）工人的主要能力是技术能力。

（2）在这些等级中，随着等级地位的升高，管理能力的重要性逐渐凸显，而技术能力的重要性则相对减弱，

到第三或第四等级时这两种能力的重要性持平。

（3）经理的主要能力是管理能力，且等级越高，越能起到主导作用。

（4）商业能力、金融能力、安全能力和财务能力在第五或第六等级的人中有最大的相对重要性。随着地位升高，这些能力的相对重要性在该等级员工总体价值中的比率将不断减少并趋向平衡。

（5）从等级的第四或第五级开始，因为其他能力重要性比率的降低，管理能力的重要程度反而增加了，而其他比率则开始接近全部价值的十分之一。

以上五点结论只是我们在研究技术人员的能力中得出，这些人员可以下到企业工人，上到领导者。这些人员中没有一个是单纯从事技术工作的，他们多多少少也要在其他方面做出贡献。比如，在很多企业里，一些较高层次的领导，不但要善于管理，还要精通各种技术。

除此之外，我们在研究一家大型工业企业的其他活动，如商业、金融、财务等方面时也发现了员工能力的相似点。在这些活动中，唯有技术能力这一词语能替代活动特点。无论活动是什么，底层员工最重要的能力都是该活动所特有的能力，即工业方面的技术能力，商业方面的商业能力，金融方面的金融能力等，而对高层人员要求的突出能力则是管理能力。

除了所有企业的领导者（甚至最小规模企业的领导者）需要具备商业和金融能力，而底层技术人员不需要这些能力之外，我们能从表 2-2 中得出与表 2-1 十分相似的结论：

技术能力是大型企业的底层员工和小型工业企业领导者的主要能力。管理能力是高层领导者的主要能力。技术能力在工业企业下层人员中占主要地位，而管理能力在上层中占主要地位。

从企业组织和政府的双重角度来看，技术能力和管理能力都是非常重要的，以至于我认为我们有必要对其多加讨论分析。因此，我们在表 2-1 和表 2-2 的基础上又绘制了图 2-1 和图 2-2。

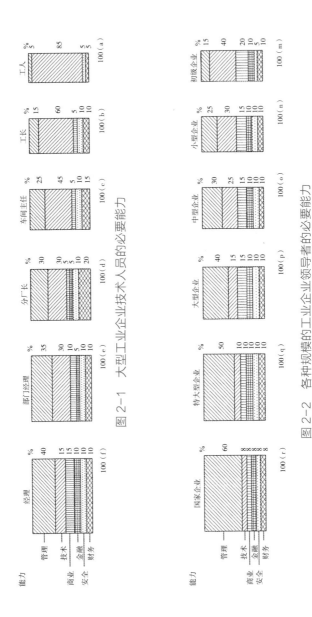

图 2-1　大型工业企业技术人员的必要能力

图 2-2　各种规模的工业企业领导者的必要能力

这两张图是表 2-1 和表 2-2 的另一种表现形式，然后，我们在此基础上又绘制了图 2-3。

我们绘制这些图表，是为了引导大家逐渐对工业企业里的管理活动的重要性引起重视。一直以来，技术活动的重要性已经被大家认可，但是企业要获得充足发展，需要其他基本活动的帮助，特别是需要管理活动的帮助。

事实上，在所有的企业内部研究人员对于各类型企业领导者及其所属员工必要能力的研究，与我们以上所给出的研究结果是一样的，得出的也是同样的结论，这些结论概括如下：

在各类企业里，底层人员的主要能力是一种职业能力，这种职业能力能展现企业特点，而上层领导者的主要能力则是管理能力。

因此，对于任何企业来说，人们对管理理念的认知是毋庸置疑的。

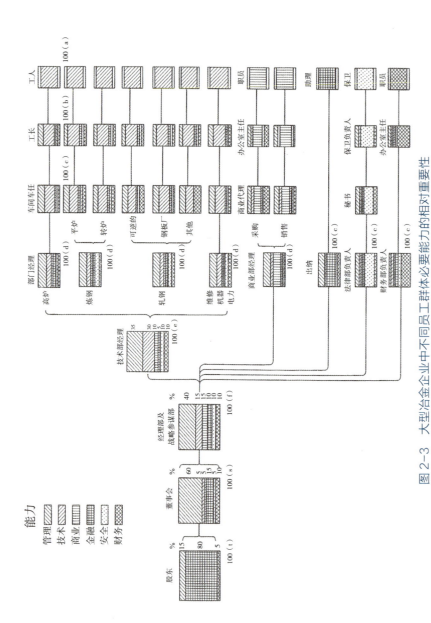

图 2-3 大型冶金企业中不同员工群体必要能力的相对重要性

第三章
管理教学的必要性与可能性

我们已经认识到，企业的领导者需要完成和行使的6项基本职能，这几项职能缺一不可，如果其中一项没有完成，企业就会面临破产的悲惨命运，即便没有破产，企业的实力也会大大削弱，所以在任何一个企业里，企业人员都应该有能力完成这6项基本职能。

此外，我们还要看到，在一个大型企业里，其高层人员必须要具备管理能力。因此我们可以肯定，任何一家企业想要发展，仅凭单一的技术是做不到的，工业领域也是如此。

但是，当人们有成效地——尽最大努力推广和改进技术知识的时候，我们的职业学校却在为未来的领导者提供商业、财务、管理和其他知识的这些方面无动于衷，几乎什么也没做。甚至在一些院校内的土木工程专业，管理方面的课程也并未列入其大纲，这是为什么呢？

一些人可能会说，人们也许根本没有认识到管理能力的重要性。答案是否定的，假定我们要从工人中挑选出一名工长，再从工长中挑选出一名车间主任，从工程师中选拔一个厂长时，从来不会根据技术能力来挑选，或者这一因素只占很小的比例，但如果是技术水平相当的两个人或者一些人，人们总是更倾向于选择那些举止优雅、更有威望、做事有条理且有出色组织能力的人。

以上这些，也是管理能力的几个重要方面。那么，管理能力是否只有在业务实践中才能获得呢？

我相信这是人们的自圆其说，并不占有什么分量，甚至是毫无价值的。实际上，管理能力首先应该在学校里学习到，其次才是在车间中。

不过，在我们的职业学校里，管理教学是极度缺乏的，造成这一现象的原因是缺乏有关管理的理论，缺乏理论就不可能有教育。不过到目前为止，还没有从广泛的讨论中得出能被普遍认可的管理理论。

当然，个人化的理论并不会因此缺乏，因为普遍接受的理论并不存在，所以每个人都会根据自己的经验拥有一套自认为是真理的方法，甚至在工厂、军队、家庭和国家中，在同一理论下出现不同的、矛盾的做法的情况也是随处可见。在技术领域，如果不冒着完全丧失威信的风险，领导者是不敢违反某些既定规则的，但是在管理领域，他完全能名正言顺地做让我们极为不满的事。

我们无法对管理者所使用的方法进行评价，只能对其结果进行评价，但是结果往往太遥远了，以至于我们无法将其与原因联系起来。假如能找到一种普遍存在的、已被普遍检验过的原则、规则、方法和程序，那么情况就简单多了。

事实上，原则并不缺乏，如果只需要将原则公之于众就能使其占据权威地位的话，那么那些好的管理原则就随处可见了，谁没有听说过需要权威、纪律、个人利益服从于共同利益、统一方向、协调努力、远见卓识等这些伟大的原则？

必须承认，光是宣扬是不够的。事实是，原则就像灯塔的光芒一样，只能引导那些已经知道进港道路的人，而缺乏实践手段的原则是没有用的。

难道就没有办法吗？当然不是，办法随处可见。但是，好办法与坏办法相互交织，并同时存在于家庭、车间和国家事务中。之所以出现这样的情况，也是由于缺乏管理理论导致的，公众是没有能力来判断管理行为好还是坏的。此时，建立一套管理理论就尤为重要了。假如某些工业企业的领导者能将他们认为适合企业发展的理论、原则进行阐述和分析，那么，建立起一套合理的管理理论就并不那么遥远和复杂了，只要经过比较与讨论，很快就能建立普遍的共识。但可惜的是，大多数领导者对此并不感兴趣，他们也没有时间去做，他们既没有形成理论，也没有将个人理论传授给学生们，因此，我们不能过度依赖于此。

幸运的是，要建立起这样一套理论并不需要有管理大型工业企业的经验。哪怕是最微小的意见，只要提得中肯，都是有价值的。我们希望：溪流一旦形成，溪水就会源源不断汇入大海，我们要做的就是要促成这股溪流的行进，启发大众讨论，这就是我撰写此书的根本目的。我希望从此能有一种理论诞生，管理知识教育的问题也能够得到解决，达到每个人都能掌握一定的管理知识的目标。在家庭和国家事务中，必须要将管理能力的学习与提升事业能力放到一起，而对于个人来说，所处的地位越高，越是需要管理能力。

因此，我认为，管理教育应该普及：在小学要掌握初级的管理能力，到了中学要稍微提升一些，而到了大学就要获得更大的发展。

我提出这种观点，并不是说要将学生都培养成管理者，就像一些职业学校传授技术知识并不是非要把所有学生都培养成优秀的技术人员一样。我们只是希望管理教育能起到像技术教育那样的效果。何乐而不为呢？重要的是引导青年人理解并运用他们的经验教训。现在，很多人缺乏方法，又没有管理理论知识，所以在这一方面一辈子都是个入门者。

在高等学校里，当管理成为日常教学的一部分内容时，授课的教授是完全能撰写出讲义的。较难设想的是初级管理者教学应该是什么样的。对于这一问题，我们虽然也在做尝试，但是并不抱成功的奢望。我坚信，好的老师是比我更懂如何从理论中提炼出适合教授的内容，并且让学生乐意接受和学习。

第二部分
管理的原则与要素

第四章
管理的一般原则

　　管理职能只是作为社会组织的手段与工具，其他职能涉及原料和机器，而管理涉及的只有人。

　　社会组织是否能正常且健康地运动取决于某些条件，对于这些条件，人们不加区分地将他们定义为原则、规律和规则。而我更喜欢用原则这一概念，但要让它能摆脱死板的印象。而在管理方面，没有什么是一成不变的。最大的区别就是尺度问题，在同样的条件下，我们几乎从不重复使用同一原则。应当注意到各种可变的条件，考虑到人的不同，以及许多其他可变因素。

　　因此，原则是灵活的，能被适用于一切需要，关键在于如何使用它。这是一个很难把控的艺术，它要求使用者具备一定的智慧、经验、判断力并把握好使用的尺度。在管理者的主要才能中，就有由机智和经验综合而成的掌握事物尺度的能力。

　　管理原则可以有很多，并没有明确的限制，所有有

利于社会组织加强和对其发挥功能产生作用的管理规章，以及程序都属于原则。只要在由经验证明它能配得上这样的评价时，它就是原则。事物状态的变化能引起规章制度的变化，因为前者决定了后者。

我在此列举我经常使用的一些管理原则：劳动分工、权力与责任、纪律、统一指挥、统一领导、个人利益服从整体利益、人员的报酬、集中、等级制度、秩序、公平、人员的稳定、创新精神、人员的团结。

一、劳动分工

劳动分工是自然规律的产物。体现在动物界，生物越是高度发达，越是会进化出不同功能的高度分化的器官。体现在人类社会中，法人团体[①]越重要，职能与机构

---

① "法人团体"——法约尔的术语"团队社交"指的是在任何领域从事特定企业活动的所有人，这个不太寻常的术语完好地诠释了这个词，因为：
（a）它保留了隐含的生物学隐喻；
（b）它代表不同于组织过程的结构。在必须满足这两项要求的所有情况下，将保留这一术语。——英文版译者注

之间的关系越是紧密。而社会的发展带来了新机构的不断出现，原始的、担负单一职能的机构也逐渐被替代。

劳动分工的出现，正是为了实现用同样的努力达到更多更好的效果的目的。工人总是生产同一产品部件，而领导者则处理同一类型的事务，他们都对自己的工作十分熟练、准确且很有自信，效率也就自然而然提高了，而每次工作的改变都会需要一个过程去适应，这个过程难免带来减产。劳动分工则可以减少员工在工作中必须对给予注意力并做出努力的劳动对象的数目。

劳动分工不只适用于技术工作，而且无一例外地适用于那些需要多人一起完成的工作。劳动分工带来的就是职能专业化和权力的分散。

虽然，当下人们已经普遍认可劳动分工带来的益处，并且，如果没有学者和艺术家的专业化工作，社会进步的可能性是不可想象的，但经验和分寸感告诉我们，分工是有限度的，它的局限性是不可逾越的。

✍ 二、权力与职责

权力，就是职责范围内的支配和指挥权，是要求别人去做什么的一种权力。身为一名领导者，需要将职能赋予自身的权力与领导者本身所具有的智慧、智力、经验、领导才能等方面区分开，作为一名优秀的领导者，个人权力是规定权力的必要补充。

提到权力，人们就会很自然地想到责任，这两者是相伴相生、不可分割的，凡是有权力行使的地方，就有责任。我们无法想象一个地方有权力执行却没有奖惩措施。责任起源于维护某种公正感的需要，因下述理由而加强和扩大：从整体利益考虑，对于有益的行动应当鼓励，对于那些不当的行动应当及时制止。在管理中，实施制裁是良好管理的必要条件的一部分，但通常很难实施，特别是在重大问题上。

首先要规定责任范围，然后要确定奖惩标准，对于一名工人来说，规定其责任和相应的奖惩比较容易，但是对于一名工长来说难度就大多了。在企业中，随着人员等级的逐渐提高、工作越发复杂、人员不断增加，距离最终成果会更遥远，而领导者最初行使的权力在最终成果中所起的作用也越来越不明显，并且难以形成领导者的责任标准。这个责任的大小与相应物质上的等值，是无法计算的。

奖惩是一种性质、惯例和传统的问题。领导者对此做出判断必须要考虑到行为本身、周围情况及可能产生的影响。这种判断要求有高度的精神道德、公正与坚定性。如果领导者丝毫不具备这些条件，那么企业内的责任感恐怕就不复存在了。

敢于承担责任是值得尊敬的，我们欣赏这样的勇气。为此，我们需要一个最佳证明，如某些工业巨头企业领导者的待遇要远远超过某些同等级但没有更多责任的国家官员。

然而，一般情况下，人们都害怕承担责任，那种心态就像追求权力一样强烈，但是害怕负责任的心态严重遏制了人的主观能动性的发挥，包括很多其他美好的品

质也因此而被破坏。任何一个优秀的领导者，都要勇于承担责任，并使他周围的人随之具有这种勇气。

防止高层管理者滥用职权和软弱无能的最佳保障是个体的正直，尤其是高尚的道德品质。众所周知，这种正直既不是选举所赋予的，也不是权力所赋予的。

📝 三、纪律

纪律在本质上是服从、应用、忍耐、执行，以及遵守公司与其雇员之间的长期协议的外在表现，无论这些协议是经过自由辩论还是未经事先讨论的，无论它们是书面的还是隐含的，无论它们是来自各方的意愿还是来自规则和习俗，正是这些协议决定了纪律的形式。

纪律，作为不同协议的结果，会以多样的形式出现。实际上，服从义务、应用义务、忍耐义务、执行义务在不同的公司、不同的员工群体、不同的时间等情况下都是不同的。然而，人们普遍深信，纪律对于企业的顺利运作是绝对必要的，没有纪律，任何企业都不可能兴旺发达。

对于这样的观点，我们能在军事课本中找到很多，比如："纪律是军队的主要力量。"我认为这是一句不可辩驳的箴言，不过我认为可以再补充一句："纪律是由领导者造就的。"前一句话使人尊重纪律，这很好，但却往往忽略了领导者应当承担的责任。事实上，任何群体的纪律状况基本上取决于其领导者的才能。

一旦发现企业内缺乏纪律或者领导者与下属之间的关系不尽如人意时，领导者绝对不能轻率地把责任推到团队的糟糕状态上。很多时候，很多失败都应归咎于领导者的无能，至少在法国，我看到过很多这样的现象，因为我发现，只要领导者是干练的，工人们就会听话且忠诚。

对于影响纪律的因素，除了我们前面所说的指挥，还应该加上"协定"，并且，协定应当是令双方都满意且清楚明了的，这一点很难做到，我举个例子来证明这一点：最近几年[①]，在法国以及世界其他地方爆发的由矿工、

---

① 指 1910 年左右。——编者注

铁路工人与公务员发起的大罢工，最初就是起源于有争议的协定与不适当的规章。

半个世纪以来，在企业与员工之间协定的制订上，双方之间的关系发生了很大的变化。在过去，协定是由企业主一方独裁决定，而现在，逐渐被企业主与工会组织共同商讨决定所代替。按照这样的制订方法，企业主的责任就减少了，而且国家也越来越多地参与到劳工问题中，企业主的责任就更进一步地减少了。不过，不可否认的是，制订企业与其员工之间有约束力的协定，依然是企业领导者不可推卸的管理任务，这种协定也决定了纪律的形式。

任何时候，为了企业的利益，那些能减少违纪行为的惩罚都不容忽视。领导者需要在惩罚方式上展现出自己的智慧，比如，指责、警告、罚款、停职、降级或开除，并且要将工人情况和社会环境因素考虑进去。总的来说，纪律是对协定的尊重，它要求人们服从、勤勉、积极行动和表现出应有的尊敬。企业内除了下属员工外，高层也必须接受纪律的约束，而制定和维持纪律最有效的因素是：

（1）各级优秀的领导。

（2）尽可能明确而又公平的协定。

（3）合理地执行惩罚。

四、指挥要统一

无论做什么工作，对于下属员工来说，只需要接受且只能接受来自一个上级领导者的指令，这就是"统一指挥"的准则。它是一项普遍的，且永久有必要的准则，我认为，"统一指挥"的准则对事物发展的影响和其他任何原则的影响是相同的。如果这条准则被破坏，那么企业内的权力系统也会受到损害，纪律、秩序都会被破坏，此时，不要说发展，恐怕连企业的稳定性也不存在了。因此，我认为这是一条基本的准则，所以我将其列为原则。

假如有两个领导者对同一个人或者同一件事行使他

们的领导权力，毋庸置疑会出现混乱。若不加以干预，混乱将会继续下去，这就好比一个动物被外界不停地伤害，导致身体出现病状一样，所以我们可以得出以下结论：

要么立即撤销其中一个领导者的权力，停止双重领导，使企业运转恢复；要么整个企业继续衰败下去。无论何时，能够适应双重指挥的社会组织都是不存在的。

不得不说，无论是在社会组织、企业还是家庭中，双重指挥的现象比比皆是。它无时无刻不起着破坏作用，这种弊病极其可怕，而且总是借着一些冠冕堂皇的借口，渗透到社会的各个组织中，例如：

（1）希望某项工作的时间能缩短或更好地理解或者制止一项不妥的行为，领导者 S2 不通过领导者 S1 就直接向下属人员发命令。这一错误过程如果屡次出现，就是双重指挥，造成的不良后果就是——下属不知道听哪个领导的，犹豫不决，被抛在一边的领导者局促不安，心情不悦，工作也因为指令的犹豫而被拖延完成。

（2）随着时间的推移，为了避免双重指挥的弊病，还存在背离等级制度。在给两个工友、两个同事、两个朋友、一个家庭的两个成员分配职权时，为了避免分配权力的直接困难，经常在一开始就存在双重指挥的现象。这两个同事对同样的下属拥有同样的权力与职权，那么必然产生双重指挥及其不良后果。尽管很多人已经从这样的教训中感受到了痛苦，但是这样的做法依然层出不穷。

在一家企业中，新来的同事往往抱有热切的幻想，认为同事之间能互助友爱，他们的共同利益、他们的才干可以使他们防止任何冲突，甚至防止严重的意见分歧，但很快幻想就破灭了。他们的美好愿望也被现实结果击碎，开始感到拘束，之后是某种恼怒，如果这样的现象继续存在，很可能会发展成仇恨。当然，我们不排除一些例外情况。

双重指挥是经受不住任何实践考验的。合理分配职

权能减少这样的危险，但是无法做到完全消除。因为在两个同等地位的领导者之间，总会存在着某个共同的问题，在没有分配职责和划分权力的情况下，建立一个有两个处于同等地位的领导者的商业组织是很难的。

（3）如果各部门界限不清，也可能导致双重指挥：对于同一个工作，两个完全不同的部门给出了不同的指令。这两个部门都认为自己应该负责这项工作，这就形成了双重指挥。

（4）各部门之间常有的职责关联、工作上固有的错综复杂、职权的不明确都会造成双重指挥的出现。假如一个领导者足够谨慎，就会对其进行整顿，否则就很容易造成越权，这样就会打乱工作进展并带来损失。

在各个领域中，如工业、商业、军队、家庭、国家，双重指挥往往是造成冲突的根源，有些甚至是很严重的冲突，领导者要尤其重视。

五、一个领导，一项计划

这项原则表示：在企业中，对于为了达到某种统一目的的活动，只能有一个领导者和一项计划。

这是统一行动、协调力量和一致努力的必要条件。与动物世界一样，我们人类的身体也不能有两颗头，否则就是怪物，且难以生存。不过，我们不能将"统一领导"与"统一指挥"这两个概念相混淆，前者指的是"一个领导者，一项计划"，而后者则是"一个下级员工只能听从一个领导者的指令"。人们通过建立完善的组织来实现一个社会团体的统一领导；而统一指挥取决于人员如何发挥作用。统一指挥不能脱离统一领导而存在，但统一指挥并不源于统一领导。

六、个人利益与整体利益——个人服从整体

这条原则不难理解，在一个企业中，一个雇员或一群雇员的利益不应凌驾于该企业的利益之上，家庭的利

益应优先于其成员的利益，国家的利益应优先于一个公民或一群公民的利益。这一原则是老生常谈了，然而，人类的无知、贪婪、自私、懒惰、懦弱以及一切冲动，往往会使人们为了个人利益而忽视普遍的利益，从而不得不进行一场持久的斗争。两种秩序不同但要求平等的利益相互对抗，必须找到使它们和解的方法。这是管理的重大难题之一。

有效的解决办法是：

（1）领导者的坚定性以及榜样作用。

（2）尽量签署公平的协定。

（3）完善的监督与管理。

七、人员的报酬

人员的报酬指的是人员付出劳动的回报。报酬应该合理，并尽量做到让企业中的人员都满意，这里说的企业里的人员不只包括雇员，还包括雇主。

报酬率首先应取决于独立于雇主意愿和雇员价值的

客观情况，如需要雇用多少人、生活费需要多少、业务量的状况、企业的经济地位如何等，然后才会考虑人员的才能以及所采用的报酬支付方式。要评价与雇主的意愿和人员价值有关的因素，就要求了解相当多的事物，且要做到公正无私，在本文后面谈及人员招聘时，我们再来研究人员才能评估的问题，此处我们只讨论报酬的支付方式。报酬的支付方式与企业的发展之间有重大关联，选择何种报酬支付方式是一个重要且困难的问题。实际上有多种完全不同的解决方法，但是直到现在，我们依然没有找到一种令人绝对满意的方法。

我们所认为的完美报酬支付方式需达到这样的要求：

（1）能保证公平支付报酬。

（2）能有效奖励努力之人和激发工作热情。

（3）不应超过合理限度。

我将简单地研究一下通常用于工人、中级领导者和高级领导者的报酬支付方式。

工人

支付工人报酬的方式有：按劳动日给予报酬；按工作任务给予报酬；计件工资制。这三种报酬支付方式并不只是单独使用的，它们可以配合使用，而且在其基础上能产生很多其他不同的方法，如"奖金、分红、实物补助和精神奖励"等。

第一，按劳动日给予报酬。这种方式指的是雇主先和雇员商量好价格，在一定的条件下，雇员向雇主出卖自己的劳动获得报酬的一种方式。很明显，这种方式最大的弊端在于容易引起工人的玩忽职守，要杜绝这种情况，就要给予严格的监督。然而，当无法计算当下雇员的劳动量时，这种方式就能派上用场了，总的来说，这是一种极为常见的方式。

第二，按工作任务给予报酬。这种支付报酬的方式取决于事先确定的工作的执行情况，可能与工作的长度无关。如果这一报酬支付方式的前提条件是在正常工作时间内完成工作，那么这一报酬支付方式就与前面的按劳动日给予报酬的方式混淆了。按工作任务计酬不需要像按日计酬那样进行严密的监督，但不足之处是会将优秀工人的效率降到了与一般工人同等的水平。优秀的工人便会不满意，因为他们认为自己完全可以赚到更多的报酬；而对于平庸的工人来说，他们又会觉得自己的任务太重了。

　　第三，计件工资制。工资按所完成的劳动支付，并且不受限制。这种报酬支付方式常见于一些生产大量流水线零件、产品的车间或企业，也用于生产一些可以按重量、长度单位（如米）、体积单位（如立方米）计算的产品的工厂。总之，在可能的情况下，这种方式经常被使用。不过，对于这种方式，人们普遍认为它可能会因为工人们追求数量而忽略了质量，并且一旦在生产过程中改进了计件报酬的单价便很容易引起冲突。当在一项重要的工作上运用了这种支付报酬的方式时，它就会变为包工合同。为了降低承包者的风险，人们通常会在计件工资上再辅助以日薪进行结算。

一般来说，计件工资会让收入增加，在一段时间内对员工起到刺激作用。然后最终形成一种制度，之后，这种方式还是会逐渐接近于预先商量的按日任务付酬。

事实上，在所有的大企业中，支付员工报酬的方式并不会只选用以上三种中某一种模式，而是综合使用的，有时以按劳动日付款为主，有时是其他两种中的一种为主。即便是同一个车间，也会有时候使用计件工资制，有时候按劳动日给予报酬。

以上三种支付方式也是有利有弊的，至于何时有利，何时有弊，取决于具体的工作情况以及领导者在这方面的灵活程度。无论是工资方式还是工作效率，都与领导者的能力与智慧有很大关系，而工人是否有工作热情以及工厂内是否和谐，也依赖于领导者的能力。

奖金

为使工人更关心企业的顺利发展，为了让工人愿意将自己的利益与企业命运拴在一起，企业有时还在按劳动日、按任务和计件付工资之外加上一笔奖金，比如考勤奖、职务奖、机器工作正常运转奖、生产奖、卫生奖等。这些奖金的数额、种类以及获得奖金的条件各不相同，有每日补贴、月奖、年终奖，分给最称职的员工股票等，甚至还会给员工分红。例如，一些大型企业的工人每年都可分到一笔津贴。

近几年来，在法国的一些煤矿厂流行这样一种奖金方式：为了工人的利益，这些煤矿厂建立了一种与所得利润或者超额利润成比例的奖金，虽然这种奖金方式不要求工人尽任何义务，但要想得到这笔奖金，必须做到在一年内没有缺勤超过多少天或参加过罢工等。这一奖金将分红列入矿工的报酬中，但在此之前，雇主并没有找工人商谈，这是单向的报酬支付方式，工人一般也不会拒绝这从天而降、不需要任何代价的赠品。

在企业顺利经营且效益良好的时期，工人的年工资才由于奖金制度明显地增加。那么，在企业效益不好的时期又会怎样呢？这一问题虽然值得关注，但是要对其

做出判断显然还不够成熟，而且这也不是普遍解决问题的方法。

我们不得不提出，在采矿业，还有另一种奖金方式，它取决于煤炭的售价。基于基本工资加上与当地售价成比例的奖金的工资浮动制度，在英国威尔士长期盛行，但在最低工资立法生效后被停止使用，如今它是规范法国北部和加莱海峡地区矿工工资的原则，在德国鲁尔地区也被采用。这种制度在煤矿的繁荣和矿工的工资之间建立了一定的固定关系。有人批评说，这是为了提高销售价格而限制生产。

所以我们看到，有必要采取各种方法来解决工资问题。这个问题远远没有解决到每个人都满意的程度，所有的解决方案都是不完美的。

红利

工人

对于工人们来说，参加企业的分红是很诱人的，运用这种方法，似乎能让劳资关系得到协调，但还没找到实际可行的方法。迄今为止，在大企业里，工人分红在实际执行时总是遇到了克服不了的困难。

首先，我们要注意到分红在那些事业单位（国家机关、慈善事业、科学协会等）中是不会存在的，并且在那些效益差、亏损的企业中也是不可能存在的，这样我们就排除了一大批能进行个人分红的企业。剩下的，就是一些经济效益好、发展顺利的企业了，法国的煤矿与冶金业脱颖而出，它们协调和统一工人和雇主利益的愿望最为强烈。然而，在这两个行业内，也没有出现给工人分红的情况。我们可以断定：工人分红难以实现，且几乎是不可能的。

任何一家企业，不管效益如何，工人是需要保障的，他们所希望的就是立即得到报酬，因此让他们参与分红未来并不保证能实现的利润，这种方法并不切实际。不过，工人的工资中，总有一部分是来自企业的总利润。我们看到，综合考虑各方面的因素，一个工人的工作积极性与才干对于一家大企业的最终成果来说是微乎其微的，也是不稳定的。比如，如果他平时的工资是 5 法郎，那么他从企业利润中获得的红利最多不过是几个生丁^①。因此在他看来，只要他在平时能再用点力量——刨上一镐、铿上一刀，就能让他的工资增加许多。因而，工人没有兴趣获得所得比例甚微的收入形式。

值得注意的是，在大多数大企业中，工资已经持续增长了大约 20 年，其总额超过了资本分配的总额。事实上，对于大型企业来说，真正明确的分红制度，到现在为止还并未付诸实践。

中级领导者

企业内的工长、主管、工程师的利润分配并不比工人进展得快，但他们对企业的发展有着巨大的影响。如果他们不经常关心利润，唯一的原因应是分红的方式难以确定。很明显，并不需要对这些领导者进行金钱刺激，

---

① 法国辅币。——译者注

第二部分
管理的原则与要素

就能让他们做到尽职尽责，但是他们对物质的满足也并不是无动于衷，我们要承认，企业的红利能激发他们对工作的热情。因此，我们认为，对于企业的中级领导者来说，让他们参加分红是明智之举，对于一些刚成立、还算不上景气但很有前景的企业来说，实现中级领导者分红是很容易的，这种分红制度可以与企业的总利润联系起来，也可以只与这些中级领导者所在的部门发展相匹配。如果一家企业资格较老且一直管理得当，那么中级领导者的热情很难在企业成效中显现出来，而且很难建立一个适合他们的分红制度。事实上，在法国的大型企业中，中级领导者之间的利润分成是非常罕见的。生产或车间产出成果奖金（不要与利润分成混为一谈）要普遍得多。

高级领导者

在企业中，高级领导者的知识、见解或者行动都会对企业的总体成效产生重大影响，因此，他们对企业成果是否感兴趣就显得尤为重要了。实际上，他们自身的行动与企业业绩之间往往有一种密切的联系。然而，一般来说，存在着与经理的个人能力完全无关的其他影响因素。

如果领导者的报酬只取决于利润，那么在利润低或者效益不好的情况下，他的报酬可能几乎为零。另外，对于那些正处于创业阶段、清理阶段或者暂时处于危机阶段的企业来说，要领导这些企业，所拥有的才能往往要比那些已经步入正轨或者繁荣的企业更多，才能达到好的成功。所以在这些企业里，分红不能作为领导者报酬支付方式的基础。

并且，如果是国家高级职员，也不能用分红来作为报酬。总的来说，无论是高级领导者还是工人，分红都不可以作为报酬的一般规则。分红确实可以作为报酬的一种方法，且在某些情况下也确实能起到良好的效果，但并不具有普遍意义。在我看来，这种报酬方法是无法缓解和彻底解决劳资冲突的，至少暂时还不能做到。不过值得庆幸的是，要解决这一问题，还有很多其他方法。

这些方法仍具有实际效用，并且研究、应用，使这些方法富有成效是领导者当仁不让的责任。

实物支付，福利设施，荣誉满足

不管工资是只有现金，还是包括其他奖励，如住宅、食物、照明、供暖等，这些都无关紧要，只要接收工资的人心满意足就足矣。毋庸置疑，假如一个企业的员工和各级领导都能做到精力充沛，且能在自己的岗位上尽职尽责，他们就都能更好地为企业服务。所以，从雇主的角度来说，他们绝不能只关心企业的利益，更应该关心其他所有人除了工作以外的部分，如健康、家庭、教育等。

因此，雇主不只应该关心员工在车间里的这些因素，更应该关心他们在车间外、在家里、在学校中的境况，当然，这里不得不再次提到前面我们所说的尺度问题。对于这一问题，人们可能意见不一，因为之前已经发生过的很多雇主和雇员之间的不愉快，让雇主们只愿意过

问员工们在工厂内的事。不过，大部分人持有的意见依然是雇主的关心可以有益地扩展到厂外，但前提是必须小心谨慎，且是出于自愿去做而不是被迫去做，要适合被关心者的文化教养和爱好，并且要绝对尊重他们的自由。这是一种善意的合作而不是专横跋扈的控制，这是成功的前提条件。

雇主们提供给雇员的福利设施也可以是多样化的，如在工厂和车间内要有好的通风、照明、清洁、食堂等。在厂外，则表现在住宅、食品、培训和教育上。救济事业也属于这种范畴。

荣誉满足只有在一些大型的工厂或企业内才能得到满足，甚至可以说只有国家部门才可以。

每一种可以改善所属人员的命运，以及鼓舞各级人员热情的报酬支付方式，都应该成为领导者关注的因素。

八、集权

与分工一样，集权属于自然秩序，这就引出了这样一个事实：每一个有机体，无论是生物机体还是社会单位，都是将感受汇聚到大脑或领导部分，然后从大脑或领导部分发出命令，使有机体的所有部分行动起来。

集权总是或多或少地存在着，而并不是按照领导者的意图被采纳或者舍弃的一种管理方式。无论是集权还是分散，都只是一种尺度问题，只要适用于该企业，这一尺度就是合适的。

对于小型企业来说，人员不多，领导者的指令能直接下达到基层员工中，这就是一种绝对的集权；而对于大型企业来说，领导者和基层员工中间还有很多等级，命令往往被一层层隔开。命令、反馈也是一样被迫通过一系列不可避免的中间人传达，在传达中，每个人都不可避免或多或少地加入了自己的观点、想法，而不是如最为简单的机器一样转动。领导者的个性、才能，下属的能力，还有企业的背景条件，决定了中间人的能动性。集中的程度应根据具体情况而定。所以，实行集权，是为了让所有人员都人尽其才。

如果领导者的才能、威望、智慧、经验、理解能力等各方面，允许他扩大自己的活动范围，那么他可以大大加强集权，且将本应该协助自己工作的助手的作用降低到和基层员工一样。相反，假如他愿意一方面保全自身领导特权，另一方面也愿意向协助自己的人寻求经验、观点或建议等，他就可以实现相当程度的权力分散。

当然，即便在同一企业内，领导者及其下属人员的位置、权力以及重要性都有可能经常发生变化，这就导致了权力集中与分散的措施本身也是经常变化的。这是一个应根据具体情况来解决的问题，但前提是要让各方面的利益都得到最好的满足。这一问题不只是对最高领导者提出的，也是向各级领导者提出的，它是个在一定范围内可以激发或抑制部下主观能动性的问题。

总的来说，区分分权还是集权所需要解决的问题就是找到提高效率的方法，任何降低部下重要性的方法就是集权，反之就是分权。

📝 九、等级制度

在企业内，等级制度就是从最高权力机构直至底层人员的一系列领导层级。有等级制度，就有等级路线，等级路线就是信息由最高权力机构向下发出或把信息上报给最高权力机构的路线。这条路线对于保证信息和指令传达的需要以及指挥的统一还是很有必要的，但是它并不是最快的传达线路。在一些大企业里，尤其是政府机构，运用这种方法常常耗费了大量时间。不得不说，很多事之所以能成功，就是因为执行速度快，因此，最好的方法是将遵守等级路线和迅速的行动相结合。

在一个企业中，其等级制度为 G-A-Q 的双梯形式。我们假设要让两个部门——F 部门与 P 部门发生联系（如图 4-1 所示）。

按照严格的等级路线来说，这个过程就需要沿着从 F 到 A 的阶梯向上，然后再从 A 下到 P，这之间的每一个等级都要停下来，然后还要再从 P 上到 A、从 A 下到

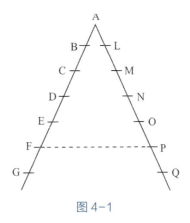

图 4-1

F，回到原点。其实，只要通过 F—P 的"跳板"，直接从 F 到 P 那就简单多了，时间也会节省很多，因为意识到了这一点，人们也经常这样做。这时，如果 E 与 O 允许下级之间建立联系，那么等级制度就得到了维护。如果 F 与 P 立即向他们各自的领导汇报了他们所共同商定的事情，那么整个情况还是符合等级制度的。只要 F 与 P 双方达成一致意见，而且他们的行动都得到了他们直属领导的同意，这种直接关系就能继续运转，而一旦他们的直属领导不同意，这种直接的关系活动就不得不中止，而等级路线此时也只能按照原样进行了。

这就是人们在绝大多数情况下看到的实际状况，它是允许依据实际情况通过主观能动性的存在进行改变的。对于中小企业来说，企业本身的利益就是总体利益，企业的老板经常会提醒企业员工不要忘记企业利益。然而，对于国有企业来说，整体利益听起来就是复杂和遥远的事了，以至人们不容易得出一个清楚的概念。对于公务人员来说，也许他们从未见到过企业主，如果不是有最高权力机构的不断提醒，总体利益感就会变得模糊，越来越弱。久而久之，每个部门都会忘记自己和所在的部门不过是企业的一部分，就好像只是整个机器上的一个零部件而已，它就会感到孤立并与世隔绝了，除了等级路线外，其他什么也不知道。

其实，我们在上面所提到的对"跳板"的利用是简单、迅速且可靠的。只要让 F 与 P 两部门开一次会，原本需要层层跨越的问题在几个小时甚至更短时间内就能被处理好。要知道，如果遵循完整的等级路线，最少需要经过二十几次的信息传达，会涉及很多人，浪费一大堆纸质文件，还可能耗费几周甚至是几个月的时间，而得到的最终结果也许比让 F 与 P 两部门直接沟通要差得多。

这样可笑而又有害的做法还有什么可应用的？不幸的是，在一些国家机构中，人们对于这种方法从未提出过质疑。总的来说，这种现象出现的主要原因是每一个部门和等级都害怕负责任，但我认为，其原因主要是领导管理能力不足。如果最高领导 A 对他的助手 B 与 L 都提出使用这种"跳板"制度，若也让他们各自的下级 C 和 M 都使用，那么在上下级部门之间敢于负责任的习惯与勇气就会逐渐建立起来。

但如果在不必要的情况下就离开了等级路线，则是错误的，但如果因为遵循等级路线而给企业造成了更为严重的损害，那就是更大的错误了。而且很多时候，这些错误极其严重。当员工被迫在这两种做法之间做出选择，而他又不可能接受上级的建议时，员工应该有足够的勇气和足够的自由去采取符合普遍利益的路线。但他

能有这样的心态，一定是有先例的，一定是他的上级为
他树立了榜样，因为榜样总是来自上级。

✍ 十、秩序

对于物品的秩序规则，人们再熟悉不过了，我们可
以简单叙述为："每件东西都有一个位置，每件东西都在
它的位置上。"社会秩序也是如此——任何人都有自己的
位置，每个人也都在他自己的位置上。

物品秩序

从上述定义出发，建立物品秩序应该是每件物品都
有一个位置，每件物品也都在指定的位置上。难道这就
足够了吗？不需要再对每个位置仔细甄别一下吗？之所
以要建立秩序，为的是减少物品损失和寻找物品的时间。
为了达到这一目的，不但应该让每个物品都在它自己的
位置上，而且还应该排列整齐，并且要预先选定位置，
这样能便于所有的工作程序，如果缺乏后面这一过程，
那建立起来的程序也是流于表面的。

表面的秩序之下，可能掩盖着混乱。我见过一家工厂存放钢锭的院子，这院子中的物资排放整齐，一切看起来井然有序，但是只要你再仔细看，就会发现在同一堆钢锭里混杂着四五种有着不同用处的钢锭，由此便会产生无用的程序，浪费时间，发生错误……每件东西都不在它本来应该待的位置上。

与上面这种情况相反的是，有时候表面看起来混乱，但实际上却是井然有序的，比如，一堆本来按照主人自己的意愿随意摆放的文件，在经过不懂行的仆人的"精心"整理下被整齐摆好，但此时的主人再也无法辨认出这些文件的位置了。完善的秩序包括正确选择的位置，而表面秩序只不过是真实秩序的虚假或不完美的表象。整洁是秩序井然的结果，有秩序才不会有地方堆放肮脏的东西。一个建筑物如果有清晰的示意图，其上标注好每个人负责的区域，会有利于建立与保持秩序。

社会秩序

为了能让企业建立一种良性的社会秩序，每个人都应该有一个位置，每个人都应该在属于自己的位置上。建立完善秩序的前提就是要求有适合于人的位置，同时人也适合在这个位置上，正如英国的格言所说："合适的人要在合适的位置上。"

这样的社会秩序也必须要有前提——胜任两项最艰难的管理工作：良好的组织与合理的选拔工作。在一个企业确定了自己的发展方向并设定好了某些岗位，以及确定了让哪些人在这些岗位上任职之后，要做到让每个人都能在他自己的岗位上人尽其才，这就是最理想的秩序。"合适的人要在合适的位置上"，这句格言听起来很简单，并且我们也有这样的美好愿望，但当我们第二十次听到政府官员肯定这个原则时，我们的头脑中就会立即产生一种想法——这简直就是一种空想。

社会秩序需要对企业的社会需要与资源有确切的了解，并保持二者之间的平衡。然而，这种平衡是很难建立和维持的，并且企业的规模越大，难度就越大。当这种平衡被破坏，个人利益使总体利益被忽视或牺牲，当出于野心、裙带关系、偏袒或仅仅是因为无知，就会在没有充分理由的情况下增加职位，或者增加不称职的员工。为了消除这些缺陷，重新建立秩序，就需要更优秀的才能和更强大的毅力等，然而，这在管理层不稳定时是无法达成的。

在这一问题上，如果被应用到国家管理中，秩序的规则使"合适的人要在合适的位置上"这一格言有更广泛的使用范围，这是国家对每个人的殷切期望，对每个人前途的良好预想，这是民族的命运，也是整个社会需要考虑的问题。在这一关于秩序原则的问题上，我不想多加赘述了。不过，在一些小型企业这样业务较小的事业中，遵循这一规则比较容易使招聘符合需求。企业内部的秩序其实与物品秩序如出一辙，一张图、一个图表，都能有利于建立和检查社会秩序，这些图表可表示出企业中的全部人员、企业各个部门之间的架构等，关于图表问题，我们会在后面详细分析。

十一、公平

此处，我们所说的是"公平"，而不是"公道"，这是为什么呢？

"公道"指的是要遵守已经制订好的协定。协定已经形成，但并不是所有问题都可以被预测到，因此需要经常加以补充和说明，以弥补其不足之处。企业为了鼓励员工全身心投入工作、对企业无条件忠诚并履行自己的工作职责，就需要运用善意来公平对待员工，因此，从善意与公道的角度出发，就产生了公平的原则。"公平"的初衷是善意，但却不拒绝严格、刚毅、做事公平，要求有理智、有经验并有善良的性格。

在对待所属员工时，要了解和理解他们希望获得公平、希望平等的这些基础愿望。为了给予这些要求以最大的满足，而同时又不忽略任何原则，不违背整体利益，企业领导必须最大限度地发挥自己的能力，努力让各层级人员感到公平。

📝 十二、稳定的人员配置

雇员需要时间来适应新的工作，并成功地做好它。如果他还未习惯，或者在那之前被解雇，他就没有时间提供有价值的服务。如果这种情况无限期地重复下去，工作就永远无法正常完成。

在大型企业中，这种任期不稳定的不良后果尤其值得担心，因为在这些企业中，人员的安置通常是一个漫长的问题。员工确实需要很多时间来了解大型企业中的人和事，以便能够制订一个计划，获得自信，并激发对他人的信任。因此，经常有这样的说法：一个留下来的平庸的经理人，比那些只是来去匆匆的杰出经理人要好得多。

一般来说，繁荣昌盛的大企业，领导人员也是稳定的，而那些效益不好、运气差的企业领导者，则流动性很强，这种不稳定同时也是企业不景气的原因和结果，因为培养一个大型企业领导者确实需要很长时间和巨额花费。不过，完全避免人员流动是不可能的，年老、疾病、退休、死亡都会造成企业人员结构的变动——某些人可能不能再胜任他们的职务，而也有一些人随着知识、能力的增长能担当比以前更大的责任。因此，与之前我们所提到的其他原则一样，稳定的原则也有一个尺度问题。

十三、创新问题

想出一个计划并确保其成功能给一个聪明人强烈的满足感。它也是人类活动的最有力的刺激因素之一。这种构思和执行的力量就是所谓的创新性，而建议和执行的自由也属于创新精神。在组织阶梯的各个层面上，员工的热情和精力都因主动性而得到加强。所有人的创新精神，加上管理者的创新精神，并在必要时对其进行补充，这是企业力量的巨大来源。这一点在企业困难时期尤其明显，因此，必须充分鼓励和发展这种能力。

在企业中难免存在因为权力与纪律而造成的对于创新精神的限制，此时作为领导，要有勇气激发和支持大

家的创新精神，要有牺牲自己的虚荣心而满足下属人员的决心。在同样的情况下，一个能激发出下属创新精神的领导，要比那些做不到这一点的领导更为高明。

🖋 十四、人员的团结

团结就是力量。

作为企业领导者，有必要仔细推敲这句话。对于任何一家企业来说，全体人员若能做到团结、和谐共处，会让企业产生巨大的力量，所以应该尽力做到团结。众多的方法之中，我特别强调有一条需要注意的原则和两点需要避开的危险，要注意的原则是统一指挥，要避免的危险是：

（1）错误地解释了格言"分而治之"。

（2）滥用书面通信。

坚决不要让自己的下属人员分裂

分裂敌人的力量以削弱他们是聪明的，但分裂自己的团队对企业是极其错误的。无论这种错误是由于管理能力不足，还是对事物的掌握不完善，或是由于牺牲整体利益而满足个人利益的利己主义，它都应受到谴责。

在下属之间挑拨离间没有任何好处，任何人都可以做到这一点。相反，需要真正有才干的人来协调力量，激发热忱，利用好每个人的才能，奖励每个人的功绩，而不引起相互嫉妒，导致关系破裂。

滥用书面通信

在解决一个业务问题或者下一道需要解释的指令时，一般来说，直接口头表述比用书面要简单，且效率更高。并且在很多时候，一些误会与冲突的产生就是因为没有选择交谈而选择了书面通信的方式。

由此得出，在允许的情况下，尽量选择口头联系，这样能更直接、迅速且能拉近员工彼此间的关系。然而，在不少企业里，原本一些相邻的部门或者同部门的人可以直接对话，但是却仍选择书信联系，由此造成了很多麻烦、纠纷，耽误了时间，甚至对企业造成了危害。同时，某些部门之间或同一部门的人员之间可能存在着敌意。这通常都是书面联系带来的负面影响。要结束这种令人讨厌的方式，有一种方法，那就是但凡能很容易且方便口头形式联系的情况下，禁止一切书面通信。

此处，我们不得不又提到一个尺度问题。在同一企业里，不仅在人际关系的和谐方面展现了团结的力量，对于商业的协议、工会、各种团体团结也都起到了举足轻重的作用。

这半个世纪以来，在企业里，团体的力量被逐渐认识和运用。1860 年，在一些大规模的工厂里，工人们之间毫无联系，可以说是真正的一盘散沙。在工会成立以后，他们才开始可以与雇主平起平坐，并形成一个集体。在同一时代，同类的大企业之间也曾存在着激烈的竞争，但逐渐也被友好的关系替代，即对于有关利益的问题也可以通过一些共同的协议来解决。这是一个全新的开始，它已深深改变了传统思想与行为，对于企业的领导来说，一定要注意到这些变化。

以上就是我对于这些原则的评论，我不会再过多地

进行其他讨论了，并不是因为已经讲解完了原则清单
（原则清单并没有明确的界限），而是我认为以现在已经
确定的这十几条原则，对建立管理学说已经足够有益。
因此，应该集中对这些原则进行普遍分析与讨论。我也
经常使用以上我们提到的这些原则，当然，这些只是我
个人的见解，至于这些原则在将要制定的"管理法规"
中会不会占一席之地，还要公众进行全面的讨论。

这个法规是必要的。无论是工业、商业或慈善事业，
在每一种事业中都必须要有管理。有管理，就必须要依
据一定的原则，这些原则就是已经被接受和论证过的道
理，法规代表了某个时刻的这些道理的总和。

一开始，人们会感到惊讶：永久的道德原则、十诫
法、教会的戒律……这些对于管理者来说都不能成为管
理者的行动指南，还需要一个专门的法规。我们这样解
释：宗教或道德秩序的高级法律只考虑到个人，或者不
属于现实世界的利益，而管理原则的目的是团队的成功
和经济利益的满足。鉴于目的不同，手段不一样也就不

足为奇了。没有同一性，所以也就没有矛盾。

没有原则就会陷入黑暗和混乱；缺乏经验与尺度，即便有最好的原则，人们仍会处于困惑和不安中。原则犹如灯塔，能使人辨明方向：它只能被那些清楚地知道自己目的地在哪儿的人所利用。

第五章
管理的要素

📝 一、计划

从"管理意味着展望未来"这句格言中，可以看出商业世界对计划的重视，而且，如果预见性不是管理的全部，至少也是管理的一个重要部分。在这种情况下，预见意味着既要评估未来，又要为未来做准备。也就是说，预见本身就是一种行动。计划在不同的场合、以不同的方式表现出来，其主要表现形式、明显标志和最有效的工具是行动计划。行动计划同时也是为了达成设想的结果，要遵循的行动路线，要经历的阶段，以及要使用的方法。它是一种未来图景，其中临近的事件以某种明确的方式展现，而未来的事件则逐渐显得不那么确定，它需要在一个明确的时期内按照预见和规定来经营业务。

行动计划的根据是：

（1）企业的资源，包括工人、生产能力、资本、不动产、工具、原料、生产能力、销售市场、公众关系，等等。

（2）所经营的业务的性质及重要性。

（3）发展前景与趋势，很大一部分取决于技术、商业、金融及其他条件。这些条件并不是固定不变的，可能会随着具体情况变化，但人们不但无法确定变化的大小，而且也不能预测到在什么时候会发生变化。

对于任何一家企业来说，最重要且最难的工作之一就是制订行动计划。它涉及所有的部门和所有的职能，特别是管理职能。确实，企业内的管理者制订行动计划，正是他行使作为管理者的职责，他需要指出计划的目的与规划，让各个部门在任务中都各尽其责，同时调整计划的各部分，以此保证整个计划的协调与有序进行。总之，他决定应遵循的行动路线。在这个行动路线中，不但要保证不能让任何事情与有效的管理原则相冲突，还必须保证所有的安排都能便于执行这些原则与规则。要制订一个好的行动计划，作为企业领导及其助手们，除了要掌握各种商业的、财务的以及技术层面的能力之外，最重要的就是要有可靠的管理能力。

一个好的行动计划应具备的特征

大概没有人会否认行动计划的作用，有了行动计划，人们就知道接下来要做什么，可能要做什么；如果没有计划，行动就会犹豫，或使用了错误或不合时宜的方法。这些都是企业衰败或者说是导致破产的重要原因，所以人们丝毫不会怀疑制订计划的必要性。

但计划的类型太多了，有长期或短期；有细心研究得出的或草草决定的；有简单或复杂的；有简明扼要的与详尽的；有好的、中等的与不好的等。那么，怎样筛选出一个好的计划呢？

我们衡量一个计划的实际价值，只要看它对企业的实际效用即可，实践出真知，我们能从实践中获得答案。同时，我们还要考虑执行计划的具体方法。然而，在某些普遍性的特点上，可以事先达成普遍的一致意见，而不必等待用经验去裁决。比如，计划的统一性，一次只能执行一个计划（两个不同的计划，必将导致双重领导，进而出现混淆与混乱）。

不过，一个计划还可以分为几个部分，比如，在大企业中，一个整体计划的下面还有很多分计划，如技术计划、商业计划、财务计划等。或者在一个整体计划外，每个部门也要执行各自的计划，不过这些计划并不是单独存在的，而是相互联系的，能形成一个整体，无论其中哪个分计划出现变动，都能让整体计划也产生变动。

计划的指导作用应该是持续性的。考虑到人类判断力的局限性以及事物的变化，人们在制订计划时，通常都会给计划加上一个期限，与此同时，为了让计划的指导作用不中断，应该使第二个计划不间隔地接上第一个计划，第三个接上第二个，如此循环往复，环环相扣。

任何一家大企业都会制订年度计划，除了年度计划外，可能还有更长远的规划，也会有更短期的计划，这些计划与年度计划相结合，共同发挥作用。计划应当是相当灵活的，能根据人们的认知变化而调整，因为环境给予的压力或者其他某种原因，这些调整是不可避免的。但不变的一点是，无论是变动前还是变动后，计划都是人们应当服从的法规。

计划还有一个重要的特点——准确性。通常人们能将企业最近和将来的管理路线做到最大限度的精确，从而以一个简单的方针路线来规划遥远未来的活动。因为在未执行这些行动以前，人们总会得到一些新情报来精确管理路线。然而，如果未知因素所占据的比例太大了，计划就失去了精确性，那么企业也只好冒险了。

现在，我们能总结出一个好的行动计划的特点——统一性、持续性、灵活性与准确性。当然，计划还有其他一些特征，这些特征取决于制订计划的企业的性质、规模以及条件。人们通过与这类企业相似的其他企业的计划做对比，才能事先确定这些特征是否存在。因此，最好在不同的情况下，从实践的角度去寻找那些可以拿来比较的因素，就好比一个建筑设计师要设计某个建筑物一样，但是很明显，建筑师的工作要比管理者更简单，因

为他们有更好的条件，他们能从建筑学教材以及一些画册中获得灵感，而行动计划则没有可以借鉴的东西，也没有可以拿来预测的教材，因为管理学理论还没有被制定。

从不缺乏好的行动计划，但是人们只能依据企业的发展来猜测它，却无法在足够近的距离观察它。然而即便如此，对于从事管理工作的领导者来说，了解有经验的经理人是如何进行管理的，也非常有用，其实只需要挑选十几个有经验的榜样就足够了。接下来，我要举出一个例子来加以说明，这是一个我所熟悉的大型矿山冶金企业长期以来所采用的方法：

一家大型矿业冶金企业制订行动计划的方法

这个公司旗下有好几个性质不同的矿厂，员工多达一万人。

整体计划包含了很多计划，这些计划我们称之为"预测"，有年度预测，也有十年预测，更有短期预测，如月、周、日的预测，特别预测……所有这些预测组成一个计划作为整个企业的指导方针。

（1）年度预测。每年在财政年度结束后的两个月，会依据上一个财政年度的经营情况与成效做出一个"总报告"。报告内容包括生产、销售、技术、商业与财务、员工和经济成效等各方面的情况。在这份报告中，还会附一份对同样问题的预测。预测是对新预算期的经营活动和结果的一种预测性总结。在新的财政年度开始时的前两个月并不会毫无计划，因为在上一个财政年结束前15天已经做出了"临时预测"。在一个大型的采矿和冶金公司里，没有多少活动是在一年内完成的。为企业提供活动的技术、商业和金融性质的合作项目，需要更多的时间来准备和执行。另外，需要引起重视的是近期的活动对以后可能产生的影响，而且要预留足够多的时间来为人们所希望达到的结果做足准备。

最后，需要考虑到的一点是，在一般的工业范畴中，特别是在企业里，技术、商业、财务与社会等方面情况会经常发生的变化，以避免当意外发生时因为毫无准备

而令人措手不及。对于这几种考虑已经超出了年度预测的范围，应将其划入更长期的预测中。

（2）十年预测。十年预测所针对的是与年度预测相同的问题。在预测的初始部分，年度预测和十年预测是一致的，他们的第一年内容是相互融合的，但是从第二年开始，就会出现明显的不同。然而，计划必须要有统一性，为了保持这一点，十年预测应该每年按照当年的预测进行调整，这样，在几年以后，十年预测与当初的预测相比已经做了很大的修改和调整，使得十年预测不再那么明确了。此时人们甚至觉得十年预测应该重新制订，事实上，在很多企业内，每五年重新制订一次十年计划已经是司空见惯的情况。

每年和十年的预测内容

技术部门

采矿的特许权，不动产，设备

开采，制造，生产

新的工作方式，改进

工厂和设备的维护

生产成本

商业部分

销售渠道

适销的产品

销售代理商，合同

客户的重要性，信誉

销售价格

金融部分

资本，贷款，存款

资产流动 ⎧ 半成品
         ⎨ 成品
         ⎩ 流动资产的债务人
            流动资产

可用的资金

准备金和各项保证金

$$
债权人
\begin{cases}
工资 \\
供应商 \\
其他
\end{cases}
$$

偿债基金，股息分红，银行利息

财务部分

资产负债表，利润表，统计数据

安全部分

事故预防措施

警卫工作，诉讼，保健服务

保险

管理部分

行动计划

组织人员，招聘

命令

协调，会议

控制

（3）特别预测。有些经营活动的周期很长，甚至超过十年或几十年，但也有一些活动是突发性的，这些都会改变企业的经营状况。这两种情况需要进行特别预测，其结果必然在年度和十年的预测中占有一席之地。但是，我们决不能忽视的观点是，必须只有一个计划。

年度的、十年的与特别的预测这三种预测融合在一起进行相互协调，就构成了企业的整体计划。在部门领导的协助之下，各个地区的领导详细地为这些预测做准备，然后经过企业总管理处的审查、修订与补充，经董事会的审查和同意，最终成为企业的计划。在没有新的更完善的计划出现之前，它就是企业的行动指南、法规和方针路线。

工业管理与一般管理
Administration Industrielle Et Générale

五十年前我就开始使用这种预测模式了，那时候我还在一个煤矿上担任领导，它对于我来说是人生的宝贵财富，以至于后来我还将这种宝贵的领导方法用到其他由我领导的工厂中，并且我也毫不犹豫将其推荐给那些还未掌握更好方法的人。当然，这种预测也并不是天衣无缝、毫无缺陷的，只是这些缺陷与它所带来的好处相比就是次要的了。接下来，让我们看看利与弊各是什么。

预测的利与弊

（1）为了研究资源、未来的可能性与实现目标而采用的方法，要求企业内部的各部门领导都在自己的职权范围内发挥作用，每个人都根据自己的经验为研究贡献力量，并且在执行计划时也要担负自己职责范围内的责任。

这些对于保证任何资源不被忽视，大胆又谨慎地预测未来的可能性，并且为达目标而采用的适当方法，都是很好的先决条件。在明确了什么是可能做的和被要求做的之后，企业就能以坚定的步伐和态度前进，有信心地处理日常事务，并能将所有的力量集中起来对待那些可能出现的各种性质的意外情况。

（2）制订年度计划永远是一件让人感觉棘手的事。尤其是在第一次做的时候，更是感到漫长而费力，但每次重复都会带来一些简化，当计划成为一种习惯时，辛苦和困难就会大大减少，但它也会使工作变得有趣。工作人员日复一日地做着计划工作，对预测和实际情况之间进行不可或缺的比较，对所犯错误和取得的成功加强认识。

与此同时，工作人员的能力也在逐年提高，在经过一段时期后，员工会发现自己的能力较开始时大大提高了。实际上，工作人员在能力上的提高并不只是通过制订计划取得的，而是各种因素综合起来的结果。一个经充分研究的计划，如果缺乏组织、指挥、协调与控制的正确实践，也是很难实现的，因此，管理这个要素也影响着一切其他要素。

（3）如果一家企业不制订工作计划，那么它势必会处于行动缺乏连贯性和毫无理由地改变方向的危险之中，稍微出现一点风浪就会让没有做好抵御工作的轮船改变航向。如果出现较为严重的事件，在极大但又是暂时的动荡影响下，企业就会不得不改变目标。只有具备一个已经深思熟虑且准备已久的计划，才能使人对未来有清晰的目标，也更有信心，并在危险来临时集中智慧抵抗风险。

尤其是在困难时，计划的必要性就展现出来了，虽然即便是最好的计划也无法实现将所有的风险预测到，但它能将事件发生的可能性考虑到，并且还准备了在意外时刻可能需要的"武器"。计划能保护企业，尤其是能防止企业在遭遇危险时错误地改变目标的做法，而且也可以防备那些因高层领导改变目标，而使企业整体方向改变的现象。此外，计划也能防止一些一开始很难被察觉，但是后来却让整个企业偏离方向的偏差。

制订一个好的行动计划所必需的条件和才能

简单来说，制订行动计划能让企业为了达成目标而选用最好的方法，也能让企业减少或避免失误，防止企业错误地改变目标，也有助于企业提升其人员的能力。制订行动计划对于企业来说是一项宝贵的管理方法。

此时，人们可能会好奇，既然制订计划如此有效，为什么没有得到普遍应用呢？这里，我们要明白，并不是每个因素都十全十美，原因可能是在于计划的制订，要求管理者具备一定的才能及条件，但事实上，同时具备这些才能又是很难的。制订一个好的行动计划要求领导人员必须具有：管理人的艺术；旺盛的精力；道德和勇气的衡量标准；领导人员的稳定性；专业的能力；一定的商业经验。

（1）管理人的艺术。在一个大企业里，大部分的部门领导都会参与到行动计划的制订工作中。这项工作通常不包括在日常工作中，所以可以说是没有任何报酬的，但是参与者同样要负一定的责任。此时，为了能让各部门领导之间进行忠诚的合作，需要一个能干的管理者站出来主持此事，他必须是一个不怕辛劳和担负责任的人，不计较报酬，且可以获得来自上下级的信任。

（2）旺盛的精力。无论是年度预测、十年预测还是特别预测，都要求领导者不断地倾注自己的精力。

（3）道德和勇气的衡量标准。我们很清楚的一点是，哪怕是最精心准备的计划也不能保证万无一失，预测不是先知的预言，它的目的只是为了减少意外情况的出现。然而，一般员工，甚至是对企业经营了如指掌的股东，都不会对一个随意许下也许根本实现不了的愿望的领导者抱有好感。因此，领导者需要谨慎行事，同时又有义务做好一切准备，寻求可能的最佳结果。

胆小的人为了不让自己受到批评，会试图压制这样的计划，或者直接取消，但即使从自身利益的角度来看，这也是糟糕的措施。缺乏计划会影响企业的平稳运行，这也会让领导者面临与执行不完美的预测时的辩解相比更严重的指控。

（4）领导人员的稳定。如果是一个新的领导者，他必须要经过很长一段时间才能对当下正在进行的工作、活动、下属员工的才能、企业的资源、全面的组织和未来的可能性有足够的了解，这样才能更好地执行计划。此时，假如他认为自己缺乏足够的时间来完成这一工作，或者只有时间来执行而不是完成，抑或自己如此辛苦地工作反而招来批评的话，人类的本性可能就要一览无余了。那么他还会热情地工作而不是被迫去进行吗？领导人员不稳定，就不可能有好的发展计划。

（5）关于上述的"专业的能力"和"一定的商业经验"都是制订和实现计划所必须具备的能力。

以上这些，就是制订一个好的行动计划的必要条件，它要求领导者必须有经验且富有智慧。缺乏计划或计划制订得不好，都是领导者无能的标志。要防止领导者的无能和对企业造成危害，就要做到：

（1）将制订计划变成企业的硬性指标。

（2）让公众知晓好的计划样本（可以要求那些发展

好的企业提供计划样本，经验与广泛的讨论能找出其中最好的样本）。

（3）把计划工作列入管理教育的内容中。

这样，公众舆论能使事情更加清楚明了，能对领导者起到影响作用，因而不必那么担心领导者能力不足，且对于那些优秀的、有才能的领导者也不会有一点的贬低。这里我就不详细说明每月、每周及每日预测了，因为我们已经能在很多企业中看到这些计划的应用，并且它们与长期预测一样，其目的都是为了制订出有助于达成成功的管理路线。所有这些预测都应该尽快尽早制订出来，以此预留出足够的时间让人们去执行和实现它。

国家的预测

法兰西是一个有先见之明的民族，而它的政府就未必了。

首先，我们来列举一些事实，然后再来谈谈如何对症下药。"羊毛长袜"（藏积蓄的地方）是众所周知的法国人民节俭生活的代名词。从这点我们能看到，法国人中并不富裕的那部分人的先见之明。很明显，现在的节俭能预防未来经济条件差时的落魄，人们对这一习惯的津津乐道表明这完全不是一个普遍存在的习惯。这种预见性表明了一种为达到目的而强制自己节俭的能力，不过，节俭并不需要高度的智慧。对于那些熟练于此的工人与工长们来说，他们的家庭生活常常成为这种预见性的范例，而创造这一范例的是家庭主妇，她们这样做是为了提高社会地位，至少是为了她们的孩子生活得更好。要制订这样的计划必须拥有一定的计算能力，但对于一家之主来说，这都是小菜一碟。

在一些小企业或者小工厂里，有更多更为繁杂的事要求人们有更高程度的预见性，如果没有这种能力，就会付出很大的代价。一般来说，人们对于掌握这一能力的中产阶级是比较敬佩的。在各大企业中，对于领导者来说，都要求他们有预测的能力，并且还要有以下品质：专业的技能、经验、管理的能力、积极性、道德勇气等。

法国大多数大企业中的领导者都同时具备上述各种优点。

在阅读了法国议会辩论记录后，我们对于整个法国无法得出同样的结论。许多组织很少能及时制订出年度计划，并使之发挥作用。长期预测很少有，在特别需要预测的"大企业"中，人们有点得过且过了。为什么呢？最直接的原因就是政府的不稳定。部长这个职位总是不断变更，导致了他们根本没时间获得职业技能、处理事务的经验与管理的能力，而这些经验与能力是制订计划的必备能力。对于部长来说，拥有滔滔不绝的雄辩能力固然重要，但是并不意味着他们不需要在工作实践与执行权力中获得知识。所以，领导者的稳定是很重要的。政府的不稳定是国家的硬伤，当公众舆论对这一点深信不疑时，各个政党才会懂得这个"游戏"已变得危险，那么才不会像现在这样沉迷于此。

国家缺乏远见的另一个原因是领导者缺乏责任感，例如，对私营企业负责人具有强大刺激作用的财政责任，在国家事务中却微乎其微。要根治这一隐患，还是要依靠政府的稳定，它能让部长稳定地进行自己的工作，赋予他道德责任——这是大型企业管理的唯一真正保障。因此，仅从规划方面来看，必须尽最大努力实现稳定。

📝 二、组织

所谓组织一个企业，就是为企业的经营提供资本、人员、设备、原料等。我们能将组织企业分为两个部分：物质组织与社会组织。此处我们只谈社会组织。在为企业配备了必要的物质资源之后，企业组织中的人员就应该完成它的 6 个基本职能，也就是进行企业所有的经营活动。

社会机构的管理任务

在一些个体企业中，仅凭一人就能完成所有的职能，但国有企业则会聘用几百万名员工，这两种企业的社会组织之间存在种种中间过渡形式。但是无论哪种情况，社会组织都应该完成下列管理任务：

（1）确保计划的制订和严格执行。

（2）确保社会组织和物质组织与所关注的目标、资源和要求相一致。

（3）建立统一的、有能力的、有活力的指导机构。

（4）统一多方力量，协调工作。

（5）制定清晰、明确、正确的决策。

（6）安排有效的选拔——每个部门都必须由一个能力强、精力充沛的人领导，每个员工都必须待在自己能提供最大服务的岗位上。

（7）定义清晰的职责。

（8）鼓励主动性和培养责任感。

（9）对所提供的服务获得公平适当的报酬。

（10）利用制裁来对付缺点和错误。

（11）注意维护纪律。

（12）确保个人利益服从集体利益。

（13）特别注意统一指挥。

（14）监督物质秩序和社会秩序。

（15）一切都在掌控之中。

（16）反对条条框框、繁文缛节和纸面管制。以上都是每个企业的主管人员应该完成的工作任务，在个体经营的企业里这些任务很简单，但如果企业规模大、人员多，这些任务就复杂多了。

这就是管理的使命，每一个企业人员都要完成。在个人企业里，这很简单，但随着企业规模越来越大，员工越来越多，就变得越来越复杂。我们首先要确定的是，尽管企业种类繁多，但具有相似规模实力的企业的外在表现都与其他企业有强烈的相似性，主要区别在于构成要素的性质和相对价值。

然后，我们将考虑社会组织的运作部分和组成这些组织的个人，我们将会发现，为了使社会组织的结构健全，两者必须满足哪些条件。

最后，我们将关注企业人员的招聘和培训问题。

社会组织的组成

1.不同发展程度的社会组织形式

社会组织的一般形式差不多只取决于企业的人数。我们首先看看图 5-1 表示的不同发展程度的工业企业。

（a）代表个体企业中一个孤独的劳动者。

（b）是小企业的人员构成，在那里只有几个工人直接接受企业主的命令。

（c）当工人人数上升到 10 人、20 人、30 人时，按不同情况，在领导与工人或一部分工人之间就必须存在一个角色——工长。社会组织采取（c）的形式。

（d）至（g）每 10 个、20 个、30 个工人的新组就产生一个新的工长，2 个、3 个、4 个或 5 个工长就要任命一个车间主任，2 个、3 个、4 个或 5 个车间主任就又产生一个部门经理……管理层次等级的数目就这样继续增长，直至最高领导，每个新领导一般只有 4 个或 5 个直接下属。因为一个工长手下有 15 个工人，而每 4 名 S^n 级别的上级，就有一个高一级的领导 S^{n+1}，一个企业的工

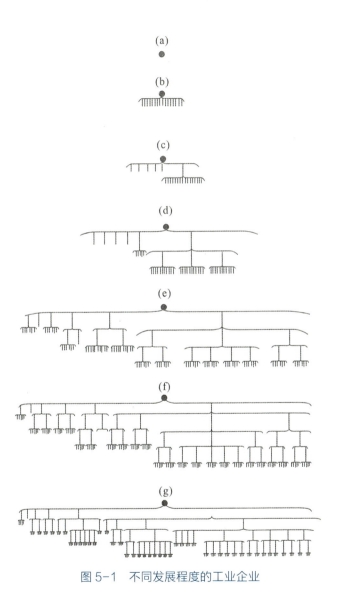

图 5-1　不同发展程度的工业企业

人数量是：

最初领班开始

S·······················15

S^1·······················60

S^2·······················240

S^3·······················960

S^4·······················3840

S^5·······················15360

S^6·······················61640

S^7·······················245760

S^8·······················983040

S^9·······················3932160

S^{10}·······················15728640

S^{11}·······················62914560

S^{12}·······················251658248

我引用的这些都是简单的几何数学的计算。第一项是 15，比率是 4，之所以这样引用，是为了表明社会组织的一般发展形式能完全适合任一数目的人员的组合，大企业中等级的数目也相当受限制。如果每个级别都用条纹饰带来表示，那么最高的工业领袖的条纹饰带数不会超过 8 个或 9 个。

我们可以说，工业社会组织的方法是一个蓝图，后来各类企业的社会组织都是以此方式组成的，这就导致了在同样的发展程度下所有的社会组织都很类似，这种相似通过同类企业里同样的职能或不同类企业里大多数相似的职能都能看出来。如果是同类企业，则是完全相似，在其他企业中，只有部分相似，但是这种相似也很明显。

这里用图 5-2、图 5-3 作为例证。

这两张图表明的是两个完全不同的工业企业——煤矿与冶金工厂，这两家工厂各有 2000 ~ 3000 名工人。这两家工厂有着一样的总体分类，他们的主要部门，除了一个叫制造部门，另外一个叫开采部门，其他的部门名称都是一样的。在其他所有拥有同样多的工人的工

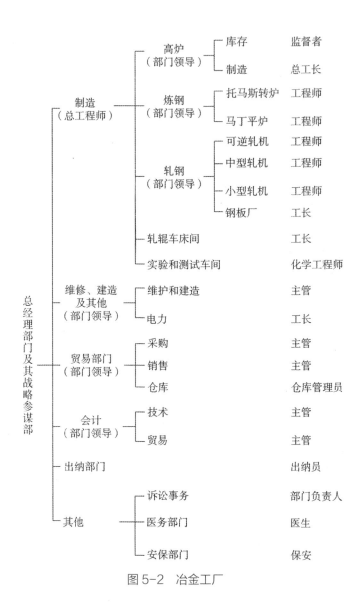

图 5-2　冶金工厂

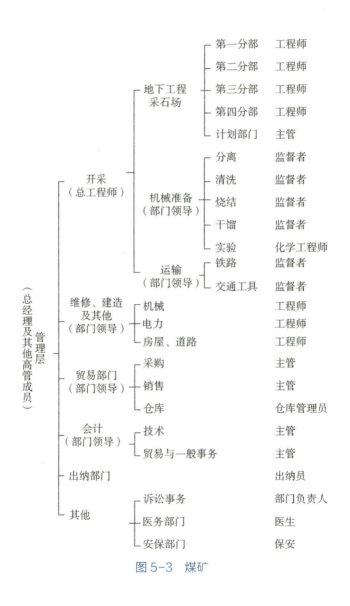

图 5-3　煤矿

业企业中，这样的结构也是适用的，无论企业性质是什么。

在工业企业中，最占优势的自然是技术部门，而商业企业中，最占优势的是商业部门，在军队中，最占优势的是军事部门，在学校中是教学部门……企业中发展程度最高的机构是职能机构，因为它代表着企业的特征，但总体上来看，社会组织总是保持着与发展水平一致的外在表现。

同样的形式也不能表明就有同样的内部构成和同样的机构价值。即便两个社会组织的形式相同，一个可能很好，而另外一个可能不好，这要看组成组织的个人的能力与智慧。

如果不谈个人因素，那么是很容易形成一个社会组织的，即便是那些新手，只要有一些时下典型做法的概念，并掌握一些必要的资本，也能做到。但要创建一个有效的社会组织，如果只是将一些人集合起来并将职务分配下去，很明显是不够的，重要的是让机构适用于需要，找到必要的人才，然后将他们放到最适合他们、最能让他们发挥价值的位置上，做到人尽其才。总之，应该具备许多重要的品质。

人们常把企业的社会组织比作一台机器、一棵植物或某一种动物。我们提到"管理机器""管理机构"，很容易产生一种服从领导、各部分之间紧密合作、为了达到共同目标而采取一致行动的机构的概念。这固然很好，但与此同时，我们也会产生另外一种概念，也就是组织本身像机械机构一样。在具体行动中，管理机构只能在强有力的推动下才能运行下去，其实这个概念是错误的，管理机构（每一个中间领导）是（也应该是）运动和思想的创造者，在每一个机构中，在每一个中间领导者身上，都有一种创新的力量，只要被很好地运用，就能大大增加领导者行动的力量。因此，对于一个管理组织行动的界限，我们不应该只从最初的力量在经过多层传递后的损耗中去寻找，而更应该在最高权力机构无法胜任的方面去探讨——在中心力量削弱时，离心力就占优势了。

　　与社会组织相似的，还有植物的生命。从发展的观点看，一棵树的主要树干部分会长出一些枝，这些枝会再长出新的分枝并长满树叶。树液把生命带到所有的枝干上，再带到更细的树杈上，这与上级的命令把行动力带到社会组织的最底层和最末端有异曲同工之妙。大树的生命力再旺盛，也不会长到天上去，而社会组织也有它的界限。第一种情况的原因不正是树枝的上升能量有限，而第二种情况不也正是管理的能力不足导致的吗？树木在成长中，它自身无法获得的某些生命力可以通过聚集与并列的方式得到，比如组成森林。而企业，自身无法获得的能力可以通过银行、同业联盟、各种联合会来获取，每个单位在保留相当大的自治权的同时，也会为集体提供帮助，而集体也会对它慷慨解囊。

　　企业在发展良好且达到某种难以超越的规模以后，通过并列的聚集是构成强大的力量的手段，也是以最小的管理力量使个人与集体组织发展壮大的手段。

人们还经常用动物界来比喻社会组织。社会组织中，人起到的作用就如同细胞在动物机体中起到的作用一样。当他在个体企业的经营活动中，就是唯一的细胞，而在大企业或者整个社会中就是千分之一或者万分之一的细胞。如有机体的发展是通过基本单位（人或细胞）的组合来实现一样。当这些组合成分的数目不断增加时，器官就出现了，它们成比例地分化并得到了改进。

社会机体与动物一样，简单且少量的基本职能成分可以实现惊人的、无穷的变化，我们可以将这两种组织中的职能多做比较。

动物中的神经系统与社会机体中的管理部门很相似，它存在于各个器官中，很活跃。一般情况下，没有专门的部分，我们通过肉眼的观察根本看不出来。它于各处收集感觉，先将它传导到低级中枢（反射中枢），在有必要的情况下，再以低级中枢为新的传送点，传送到头部，到领导。然后从这些中心，或从大脑再下达命令，通过相反的路线到达各个进行活动的器官或部门。与动物一样，社会组织也有它的反射行为或神经节的活动，这些行为没有高级权力机构的直接干预。如果没有神经活动或管理活动，组织就会失去活力，甚至很快就会衰退和死亡。

2.社会组织的机构与成员

机构是指 6 个基本职能的机构。在个体经营的企业中，一个人就可以完成这些职能，但是在国家企业中，这些基本职能分工细致、极为繁杂，需要大量人员的共同参与，并会导致建立数目众多的大小部门。为了研究社会组织的机构，我先举出一个大型工业企业的例子，这是一个拥有一万多员工的矿业冶金股份有限公司。图 5-4 即表示这个企业的人员干部的情况。

从左至右，我们首先能看到的是股东大会，然后是董事会，再然后是总经理部门。到这一级，权力一直是越来越集中的。从这级起，权力开始分散，并且在各地区、各部门的领导分散中达到企业的最基层。在股份有限公司的社会组织里，有以下这些主要机构：

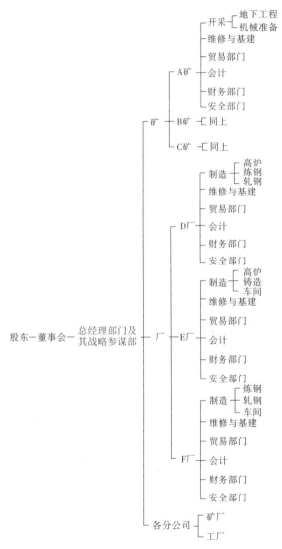

图 5-4　大型矿业冶金股份有限公司

（1）股东大会

（2）董事会

（3）总经理部门及其战略参谋部

（4）大区和地方的领导

（5）总工程师

（6）技术经理（部门经理）

（7）车间主任

（8）工长

（9）工人

股东大会

他们的作用有很大局限，主要是：任命董事会成员与监事；审议董事会的建议，他们一年至少召集一次会议。

对于股东们来说，最重要、也是最困难的事情就是任命董事会成员。

董事会

董事会拥有很大的法定权力，这些权力是属于集体的。通常来说，董事会会将很大一部分权力授予总经理

部门，总经理部门本身就是由董事会任命。对于总经理
部门提出的建议，董事会是需要审议的，他们还会全面
监督总经理部门的工作，在前面的图 5-4 中，我们就列
出了董事会需要具有的各种必要能力。

总经理部门及其战略参谋部

一般管理的责任是引导企业实现其目标，使现有资
源得到最佳利用。它是权力执行机构，同时制订行动计
划，选择人员，确定业绩指标，确保和控制所有活动的
执行。它可能由一位，也可能由几位总经理组成。总经
理部门只有一个总经理时，他可以和各地厂矿的经理直
接联系或是同中间领导（包括各厂矿集团的领导或一般
行政部门、技术部门、商业部门等的领导）发生联系。
如果总经理部门有几个领导，那么分管总经理部门的职
权有不同的方式，有多元化领导方式和一元化领导方式。
后者与前者相比，更有利于统一认识、统一行动、统一
指挥。这种一元化领导越来越占优势，但是在这样的形
势下，更考验到人的能力，它甚至左右着整个管理系统。

但无论在什么样的情况下，总经理部门都离不开战略参谋部。

战略参谋部的组成成员是一组有精力、有知识、有时间的人。他们的某些特质，也许正是总经理所缺乏的，战略参谋部是领导的依靠，是领导力量的一种扩张。战略参谋部的成员没有等级之分，它只受命于总经理。战略参谋部这个名字来源于军队，但是到目前为止我们也没有找到更好的名字来替代它，因此也就保留了这一称谓。这个机构设置的初衷就是协助领导者完成其个人使命，假如领导者能自己完成，自然就不需要这个部门了，但当他感到知识储备不足、力量不够或者时间不够用时，他就需要借助别人的帮助，正是在这样的情况下，战略参谋部就形成了。

如今，只有极少数的高层领导者能同时完成下列工作：

（1）每天要完成的接待、通信、会议以及其他活动。

（2）指挥与监督工作。

（3）为制订未来规划而做的准备和研究工作以及执行已经做好的计划。

（4）探索企业中需要改善的各个部分，比如，在当下很多大企业中，就有各种形式的战略参谋部：如秘书，咨询专家（工程师、法学家、金融家、会计师），咨询委员会，研究小组，实验室等。

因此，为了能让战略参谋部只对领导负责和完全接受领导的安排，对于下属部门的具体执行工作，战略参谋部的人员并不参与。但同时并不排斥同一个人有时候在战略参谋部工作，有时候又去其他部门工作的情况，甚至有时候，同一个人既属于某个公司的战略参谋部，同时也为其他公司效劳。例如，某个公司聘请了一位咨询专家，他每周或者每个月只需要为这家公司工作一个小时或几个小时。战略参谋部的组成及其作用可以是各种形式的，只要它完全处于领导的支配之下，而且由于它参与工作使领导的所有职责都得到圆满完成就行了。

在领导的这些职责中，最重要的是改进工作中的各项措施。任何一家企业，只要停止了前进，就会落于人后、被竞争对手打败。因此，企业在任何方面都要不断进步，而企业要想不断进步，就需要寻求一些有才能的人，这些人能思考出改进的方法。当然，这需要时间、精力和财力的支持。对已完成的工作必须进行观察、资料搜集与分类，在有需要的情况下还要进行实验，并对它们加以说明，从中总结出经验、寻找出一般规律，再将这些规律运用到实践工作中。

这种方法已经被广泛运用到科学地改进企业管理的措施中。实际上，这些改进措施都是来自笛卡尔哲学方法（Cartesian）。不过，我们的目的并不只是了解这个定义，而是为了能有效地将其运用到实践中。并且，我们还应从中提升自己的能力。这里的能力指的是高深的知识，这些知识是研究各种方法的依据。当然，即使是最有学识的领导，也不可能对管理一个企业中的所有知识都了如指掌。不过通常情况下，领导者每天都需要处理很多重大问题，他们也就没有足够的时间研究如何改进工作。

领导者确实有决心使企业保持在先进水平，而企业也正是因为相信他们，才把必要的财务资源和权力交给他们。为了使大型企业中的物质机构或人员组织得以改进，在实际行动时就应该结合以上这些因素。

其实，不只是企业领导，企业的各个部门之间也应该不断进行这样的改进。因此，无论是企业领导还是部门领导或车间领导，都要有积极改进工作的愿望和坚定的毅力，同时，从有益于研究的角度来看，领导也应得到必要的拨款。

然而，作为领导，他们既没有时间，也没有进行这些研究所需要的能力，所以也就必须求助于战略参谋部。比如，在一个大的矿业冶金企业中，总经理部门周围的这个参谋部是以专家顾问（冶金专家、采矿工程师、土木工程师、电气专家、地质学家、化学家、法学家、会计师等）的身份出现的。其中一些人将自己的全部时间和精力放到了服务这家企业上，也有一些人只用了自己一部分的时间，而在地方管理部门中，战略参谋部是以专业人员、研究者、实验者或其他专业人员的形式服务的。因为战略参谋部和执行部门之间保持着紧密持久的合作，大部分改进措施才得以实现，关于这方面的描述在很多技术书刊中能找到。

区域和地方管理层

一个大型厂矿集团，如果设置了总经理部门，那它就是一个大型实业单位的延伸，就好比人们所听说的那样，一家实业单位是一定有它自己的经理的，这个单位可能是一家钢铁厂，可能是一个煤矿厂，有可能是一个农场，也有可能是个加工工厂。实业单位分小型、中型、大型和特大型，如果是中型、小型单位，其总经理一般和该单位各部门的经理联系；而如果是大型工厂，经理则和技术部门的领导联系，这一工作常常由一个总工程师来承担。地方经理的权力大小取决于所办事务的性质以及总经理部门与地方经理部门之间的权限分配情况，有时地方经理的权力很受限制，有时又几乎能实现完全自治。

地方经理所需要的知识和才能，往往也是这类权力决定的，我们通过前面的表 2-1 与图 2-3 已经知道，作为一名大工业企业的经理，他首先应该是一名管理专家，他也应该具有相当高水平的技术能力，同时能让其他四个基本职能发挥作用。我们发现，在很多地方管理部门，战略参谋部可能是以管理秘书、业务秘书、专家顾问、各种研究小组或实验室的形式出现的。

泰勒制度

多年来，人们谈论了很多泰勒制度的组织系统问题，对此，我打算给出一个确切的概念，当然，要做到这点并不是一件容易的事：一些人可能认为，泰勒制是对工人从事劳动的指导，这种指导是建立在对时间和动作进行了认真且细致研究的基础上。也有一些人认为，泰勒制就代表了高速钢事业、会计和报酬支付方法等。但在我看来，我认同泰勒的观点——它最主要的是指"科学管理"或"职能管理"。后来，他在最近的一部著作里，对此又给出了很长篇幅的描述。他在《工厂管理》^①（*scientific or functional management*）一书中提道：

生产各种机器的大型机械制造业是最难进行组织工作的工业之一，这就是为什么我选择它来描述的原因。

事实上，这些企业所有的车间组成原则与军事等级有基本相同之处。将军的命令在经过上校、中校、少校、上尉、中尉和更下级军官后传达给士兵，在工业企业中，也是用这样的形式——指令从总经理处下达，然后经过部门领导、车间主任等。在这种企业中，车间主任、班组长的职责是多变的，并且还要求他们掌握很多专业知识和能力，要顺利完成这些任务，必须要让一些才能出众且接受过一定程度专业训练的人才胜任。正因为很难招募到这样的车间主任、工长，再加上一些其他的原因，

----

① 1913年在巴黎，译自《冶金杂志》。——译者注

所以在一个通用机械工厂新成立的开始几年里，几乎看不到什么成果。

从我自身的经验角度看，几乎所有的车间都没有配备足够的管理人员，因而也就不能便捷地完成工作。

与军队的组织形式相同，车间主任也必须对工厂车间的正常工作负责。

他应该是个很优秀的机械师……

他应该能轻松地看懂图纸，并且想象力丰富，他应该能完全通过图纸来清楚地描绘他所需要生产的零部件。

工作中他应该做好准备工作，保证工人们有合适的设备、工具和刀具，并确保这些工人能将这些设备安装在机器上，按照规定的速度和进刀量切割金属。

他应该做到让每个工人保持自己负责的机器的整洁，并使之处于良好的状态。

他应该做到让每个工人生产的产品合乎规格。

他应该做到让他的工人保持在持续、快速的工作状态。

他应该做到对每个工作进行预测，并留意机床是否按照一定的顺序生产零部件，且要保证机器在它可承受的范围内工作。

他至少应该以一种普遍方法来注意工时的记录，并且确定各种工作的工资的计件单价。

他应该让他手下的工人们遵守企业纪律，并调整工人的工资……

很明显，如果是一名普通班组长，那么，他必须有能力完成上述九项义务的绝大部分。而当有这样的能力的人出现的时候，人们可能会让他去当经理或车间主任，而不是让他当班组长。但是，当人们发现有不少人能同时完成以上四五项职责时，很显然，人们就应该将领导工作按照职责划分开来，每一项职责都应当由具备一定能力的人来完成。很明显，领导艺术最重要的方面就在于用这种方法来组织工作。按照作者的意见，将前面军队的组织方式抛开，就能达到比较好的效果，并且，在领导工作中还会出现两个根本性的变化：

（1）工人、班组长以及工长在可能的情况下应完全摆脱计划工作和所有记账工作。

（2）在整个领导工作中，要完全抛弃军队式的组织形式，转而由职能式的形式取代。

职能式管理，指的是分配领导工作时使从车间副主任以下到各级人员的每个人都尽力担任数量最少的职能。在一般体制或军队式组织形式中，将工人分成组，处于同一组的人只服从一个人——工长或者班组长。此人是各领导部门与工人取得联系的唯一中间人，与之相反的是，职能式管理一直给人留下这样的深刻印象：每个工人不单是只从一方面，即只通过他的班组长与领导直接联系，而是直接受八个负责不同职能的领导的日常指令与协助。

我们发现，在军队式的组织中的一个班长应该完成的工作，在职能式管理中，将会分配给八个人来做。

在劳动分配办公室里，必须要有以下人员配备：负责安排作业顺序的人员、负责安排命令卡片的职员、负责统计工人劳动时间与劳动费用的会计。以上人员都需要负责下达上级领导给予的工作指示并注意工作的进展速度。

最后，负责纪律的领导在整个企业中执行他的职能。

在某些领域里，许多组织得很好的车间已使用了职能式工长制。不少领导者已经认识到让 2 ~ 3 个受过专门教育的人在他们特定的职权范围里直接与工人接触的好处，并且鼓励他们那么做，而不是像过去那样，还需要让班长作为中间人。

这就是泰勒所主张的，一个大型机械制造厂的车间领导应有的组织系统。这种组织系统必须建立在两种思想基础上：

必须以参谋部门来加强车间主任和工长的工作。

否定统一指挥的原则。

对于以上两种思想基础，当我越觉得第一种思想正确时，就更觉得第二种思想错误并且危险。

（1）必须在参谋部门的协助下加强车间主任和工长的工作。

泰勒比任何人都了解一位大机械制造车间的主任所必须负责的工作的重要性以及复杂性，但无论是精力还是才能，他们都不可能独立做到，他们只有在别人的帮助下才能圆满地完成任务。因为这些领导有各种专家来协助，他们便不必对各种专业都熟练掌握，而且使他们免于被大量无谓的琐事所干扰。从这一目的出发，泰勒便设想和实践了上面我们所描述的方法，此时，就出现了参谋部门。不仅在机械制造车间很有必要设置参谋部门这种机构，在矿山、冶金及其他大企业的维修车间也很有必要。实际上，在各大车间从事生产工作的人们证明了参谋部门的必要性。迄今为止，人们对于这类机构已经提出了众多的组织方式，但却没有找到真正令人满意的。在我看来，在提醒人们重视这一机构方面，泰勒着实功勋卓著。

（2）否定统一指挥的原则。

泰勒认为，应该将传统的组织形式摒弃，他对那些军队式的组织表现出蔑视。他说：

在那种组织里，工人只接受来自车间主任或班组长一个人的命令。

他又说：

但是，毋庸置疑，管理的真正基础是建立在军队组织形式上的。它的原则是，任何工人在工作时都不可能听从来自两个上级的指令，迄今为止，除了那些我本人亲自工作的工厂，我还未找到一个领导自信地说自己运用了职能式管理体制，就是因为这一原则是正确的。

根据泰勒自己的说法，甚至在他的恳求下，某些忠于统一指挥原则的人也不愿意放弃这个原则。至于我，始终认为，一个车间如果违背了这一原则，是不可能很好地进行工作的。然而，泰勒却成功地领导了一些大企业。怎样解释这一矛盾现象呢？我想，在实践中，泰勒能够调和功能主义与统一命令的原则，但这是一个假设，其准确性无法验证。企业中，在每天要进行的事务中与从上到下的各级管理系统中，人们需要把统一指挥的原则与参谋部门的职能作用调和起来，这需要一定的灵活性。很明显，泰勒在这一方面是极为灵活的。

我认为，让"统一指挥不重要，或者可以违背它却不受惩罚"的想法是危险的。因此，在情况有所改变之前，让我们珍惜尊重统一指挥的旧式组织形式。毕竟，按照泰勒的建议，在主管和领班的协助下，这是很容易解决的。我对泰勒的科学管理或功能管理有一些保留意见，但这并不妨碍我钦佩这位"高速钢"的发明者。这位在现有工作条件下成功采用精细和精确方法的先驱，这位精力充沛而且能熟练掌握技术的实业家有了新发现，就会不遗余力地将其付诸实践。他是一位不知疲倦的宣传家，他想让全世界人民从他的研究和实验中获益。我们希望，在这方面，这位伟大的美国工程师在这些方面，会成为许多同胞的榜样。

股份有限公司的其他机构

图 5-2 与图 5-3 表明，在冶金企业与煤矿两个不同的大工业企业中，有一系列相同的从属于管理的机构。这一系列相同的机构，出现在所有性质的大型企业中，且是以不同名称出现的。我们已经知道，在从上至下的管理层次中，一开始管理职能是占统治地位的，后来逐渐被专业职能替代，专业职能也就是技术、商业或者其他方面的职能，而在此之前，这些只是下属人员的主要职责。这就是一个大型矿业冶金企业的主要机构。在所有大工业企业中，人们都能找到类似的机构，而在商业、金融及其他各种性质的企业中，这种机构上的表现也是微乎其微的。

3. 社会组织的成员或组成因素

接下来，我将继续以大型工业企业为典型来谈这个问题。

在这种企业中，应有以下人员：工人、工长、车间主任、部门经理、总工程师、企业经理和总经理。我们都知道，我们在建筑房屋时，建筑材料的好坏影响着建筑物的坚固性与外形。同样的，我们所聘请的人员质量也影响到社会结构的组成与作用，我们要聘请的人的能力可以对机构和社会团体的构成与规模有积极作用。当然，对于任何一种职务，都应该有个能力最强的人与之匹配。

我们先讨论领导的必备能力。前面，我们也已经提及，在个体经营的企业中，管理职能与执行职能是混淆的，且只需要一个人就能完成。在小企业中，领导者也担负了管理中的全部职责，但此时他已经摆脱了很多具体的工作。而随着企业规模的不断扩大，原本领导要做的一些具体工作就变少了，他们在管理职能中承担的重要性就凸显了，尽管他的下属已经有组织得很好的业务部门，但很快，领导起到的作用便会比他的能力更重要，因为我们总是能看到在一些经理的周围环绕着一批减轻领导任务的专业人士。他们的身份有很多种，如管理秘书、技术秘书、各方面的专家顾问、联系人员、监督人员、咨询委员会，等等。

为了确定一名企业领导应该具有怎样的能力，我们必须很好地确定参谋部门在各类事务中所起到的作用。一名理想的领导者应该是这样：他具有解决管理、技术、商业、金融和其他一切需要他解决的问题所必备的知识。他还要有着充沛的体力、精力以及工作能力来应付领导所担负的沟通、指挥和控制的职能，不过，这样的领导只存在于小企业中，在一些大企业中就不存在了，而在那些特大企业中就更找不到踪迹，因为没有谁的知识能够解决大企业在经营过程中遇到的所有问题。与此同时，即便他有这样的知识和能力，也没有那么多的精力与时间。在这样的情况下，就要求领导者不得不求助于参谋部门，在参谋部门存储着领导者需要的体力、智慧、工作能力与时间……领导者可以随意支配。我们可以把参谋部的工作分为四组：

（1）对领导者的日常工作，如对接待、通信和文案的准备等给予充足的帮助。

（2）联系与监控。

（3）预测未来，制订与协调各种计划。

（4）研究如何改进工作。

以上这些事务都在领导的职责范围之内，从利益的角度看，他也必须做到这些。要做到这些，他的方法有很多种，他可以凭借个人的能力或者凭借参谋部门来完成。

在前面我们列举的参谋部门的四组工作中，前两组工作一般来说都能较圆满地实现，但对于另外两组因素——预测未来和研究改进工作的措施，却经常被忽略。事实上，这才是工作能否取得成功的重点。人们还没有非常习惯于把参谋部门当作一个思考、研究和观察的机构，了解其主要作用是在领导的激励下预测未来和探讨工作中需要做的改进措施，为了能让参谋部门尽量发挥价值，应该让他们无须对企业的日常服务承担任何责任。

参谋部门的成立本身就是为了企业的利益，参谋部门的重要性要求它必须得到领导者更多的注意力、判断力、经验、权威和分寸感以及更高的要求。由于参谋部门是用来弥补领导自身工作中的缺陷，所以从表面上看，它有点像私人的机构，也很容易被人滥用，进而被人们批评，这也就是为什么人们限制它从事一些本来它能做的工作的原因。

大型企业的管理者

我们在研究企业领导所必须具备的能力时，应该同时将转移给部门领导的权力与责任考虑在内。与此同时，还应考虑的是他能从参谋部门得到协助这一点。此外，我们认为，看一个管理机构的工作是否有效，就要看管理方面的衡量。事实上，如果企业的各部门领导都能有效地执行计划、组织、指挥、协调与控制的职能，那么所有的职责都能被很好地执行，此时的企业发展也一定有个令人满意的结果。所以，我们能得出这样的结论——一个大企业的领导要具备的首要条件就是，他必须是一名优秀的管理者。

但是，这并不是说他就能抛开他对技术、商业、财务和其他主要问题做出决策。他不可能独自解决所有的问题，因此他的大部分决策应该是根据部门领导和参谋部门的意见来制定的。但如果他不具备企业要求他必须具备的能力时，他就不是一位好的领导者，比如，在制造工厂中不懂技术，在商业领域中不懂经商，在医院中不懂医疗，在学校中不懂教育学，等等。很明显，对于企业中经常出现的问题或者发生的重大事件，他都需要给出专业的建议。据此，我们能看到一个大企业的领导必须具备的第二个条件是：他必须具备企业所要求的较高的专业能力。人们不要求企业领导在除了工作以外的其他职能方面具有同等优秀的能力，因为人的能力都不是无穷的，在企业的次要职能方面，人们只希望他能有一般的常识，这样能方便他们能在更高级的领导和参谋部门的协作下做出更英明的决策。

总的来说，所有大企业的领导应具有如下能力与知识：

—身体健康、体力好。

—精力充沛且富有智慧。

—道德品质：有坚定的、顽强的、深思熟虑的决心；
积极、有毅力、必要时很勇敢；勇于负责，有责任感，
关心集体利益。

—有丰富的文化知识。

—有管理才能：

计划——自己拟订和让别人拟订行动计划的能力；

组织——尤为重要的是懂得怎样建立社会组织；

指挥——管理人的艺术；

协调——调节行动，使力量集中；

控制。

—对企业组织的所有职能都有一般性的概念。

—对于企业的专业领域有较强的能力。

在大企业领导应该具备的 7 种能力与知识中，需要
注意的是，不管企业是什么性质，前面 6 种都是由相同

因素组成的，其中只有第 7 种，如果是不同性质的企业，则有不同的专业特性。

将以上 7 种能力进行分析总结，我们发现它们有一些共同的因素：身体健康、体力好、有智慧、道德品质好、有一定的文化知识储备、对各种基本职能都有一般性概念，而且管理能力强。

在所有的工业、商业领域里，同一级领导的前 6 个方面的能力都很相似，只是他们所在的企业性质不同，因此对他们的专业要求也就有所区别。我们经常能看到这样一种现象：一些后来成为重要领导角色的人，一开始是由于他们在该行业的突出能力而引起了人们的注意——因精通一种专业就能使他们成为该行业内出人头地的人物，再加上他们具有的全面能力，使他们成了一流的领导者。这就是专业上的成果掩盖了一般性能力的情况。通常来说，在一些大工业企业中，人们的眼里只有那些卓越的技术专家或能干的批发商。在政府中，人们的眼里只有那些能征善战的将军或雄辩的议员，而即便是最出色的专业技能也不足以造就一个好的大企业领导。要造就一名完美的领导，需要具备以上我们所阐述的综合能力与知识储备，但能达到这种要求、达到理想状态的人简直是凤毛麟角。我们必须承认的一点是，人是有弱点的，甚至是有缺陷的，但该如何衡量这一切呢？

健康的身体是掌握一切能力的前提，同样，智力不足也无法获得这些能力，通过各部门的领导和参谋部门，可以在很大程度上补充领导者业务知识的不足，甚至可以补充他在企业特有专业方面知识的不足。但如果他缺乏管理才能，那么这会是无论如何也无法弥补的。对于一些重要领导者来说，道德品质上的完美尤为重要，因为哪怕是最小的缺陷都会导致灾难性的后果，领导等级越高，其长短处带来的利弊，越会远超过等级低的领导。

中型企业和小型企业的管理者

一个大企业中的领导者，甚至是一名国家领导者，他身上所必备的能力和知识与一般的手工业者所必备的知识与能力，只是在程度上有所区别。高级领导者与低级领导者的特质都是由性质相同的因素所占的比例不同而组成的。对于一个特大企业的领导来说，在其所有能力中，管理能力是最重要的，甚至是超过了其他所有能力的总和。不过，对于他们来说，只要是缺乏了辅助性能力中的任何一种，都是一种极大的缺陷，此时，这一缺陷可以通过参谋部门来弥补。

对于个体经营的企业领导来说，他们最重要的能力是技术能力，也就是该企业特有的专业能力。对于这样的领导来说，是否在财务与商业方面有独特的能力，比一个大型企业的领导更重要。图 2-2 表明，企业的规模大或小，领导者所拥有的基本能力的相对重要性也是随之不断变化的。不过，要知道的是，这个图只表明了一些相对作用，个体经营的企业主的这种能力，与大企业领导所拥有的能力之间除了名称相同，其实并没有多少共同点。

部门管理者

在一系列的企业领导 S^1、S^2、S^3、S^4……S'' 的下面，有一系列的部门领导 SD^1、SD^2、SD^3……SD''。企业领导负责的工作要做到全面周到且要保证所有职能顺利执行，但是部门领导要负的责任却只限于企业的一部分。从图 2-1 与图 2-2 中我们能看到，部门领导与企业领导的作用是由同样因素组成的。然而在一个企业领导 S'' 与一个同样等级的部门领导 SD'' 之间，责任是有区别的，即企业领导的责任是负责整体，而部分领导却是负责局部。

基层人员——工人

即便是对于在基层工作的工人，其作用也是由与大企业领导相同的因素组成的。然而，在这两者的作用中，这些因素的绝对重要性及比例是有区别的，这也就导致了一开始人们并未认识到它们的同一性。接下来，让我们来看看组成企业领导和企业员工的因素以及它们所占的比例。

构成企业领导与其他人员作用的因素

（1）体力、健康情况。身体是否健康、是否精力充沛对于企业中的所有人——上到企业领导，下到一半工人都是很有必要的。所有人员都需要有一定的体力，但是不同职务的人对于体力的要求是不同的。

（2）富有智慧、脑力充沛。智慧包括理解、领悟能力、记忆力和判断能力。脑力充沛能让人在一些紧急问题上有效地集中注意力，或使人能同时处理多种问题。工作的难度越大、问题越复杂、涉及越广，就越是对脑力有要求，一个大企业的领导需要有广阔的眼界和灵活的思维，而对于生产工长来说就没那么高的要求了，对于工人来说要求就更低了。记忆力衰减会给脑力带来很大影响。

（3）道德品质。对于一些常见的道德品质，比如，毅力、沉着、正直、有创造性等，人们常用性格这个词来概括。在我看来，性格这一词语并不准确，所以我尽量避免使用。

对于企业内的所有人，上到领导，下到生产工人，都必须遵守纪律、为人正直、具有牺牲精神。创造性对所有人来说也是一种难得的才能，而且级别越高，越是重要，至于其他的品质，如坚定沉着、掌握分寸、勇于负责等，它们的重要性与一个人的地位息息相关，地位越高，则越重要。而且人们普遍认为，对于大企业的领导者来说，他们首先就要拥有这些品质。

（4）一般性文化知识。这种文化并不只是指自己工作范围内的知识，而是来自两方面的知识，一方面是从学校中获得的，另一方面是从生活中获得的。我们看到有些人，他们只受过小学教育，但后来却升到了工业或商业、政治或军事的高等地位。他们的知识水平和他们所处的地位总是一致的。我附带说一下，所有地位渐渐升高的人都要努力提升自己的一般性文化知识水平，而大学并不重视超过中等教育的一般性文化知识的提高。

（5）管理知识。包括计划、组织、指挥、协调和控制 5 个方面的知识。从事生产的工人，只需要有初级管理知识，而一些高级领导或官员，特别是一些大企业的领导，则需要有渊博的管理知识。但学校里并不能学习到这些知识，只能到工厂里去学习。工厂最重视的就是经验了，经验大于学习，因此，普遍存在管理教育不充分的现象，也就见怪不怪了。我认为当下就是将资料系统化且建立一个大家都能理解的学说的最好时机。

（6）关于其他职能的基本常识。从工人升到工长，再到车间主任、高级管理人员，直到一个工业企业的领导，随着人们所在的职能级别升高，每个人应该负责的专业或者行业的数量也是在不断增加的。比如，工人一般只需要做好手上的生产工作即可，而工长要监督 4 ~ 5 种工作，车间主任则要监督 7 ~ 8 种甚至更多的工作，经理不但要具备企业所特有的技术专业方面的知识，还必须有商业、金融和关于管理的其他方面的知识。

由此得出结论，在专业方面，工长与他手下的那些

工人相比，是不如他们的，而车间主任的能力不如负责各专业工作的工长；工程师的能力不如车间主任，而经理确实不想比下面各部门领导在其各自专职方面更强，但他同时拥有各部门的知识，一个人的地位越高，知识量也必须更大。

（7）企业特有专业技术能力。对于工人们来说，这几乎是他们全部的价值，但对于大企业的领导者来说，这一能力至多不过总体的 1/4 或 1/10。大企业领导的这种能力的重要性是次于管理能力的。我们需要记住的是，我们说的"能力"这个词并不能意味着不同等级的人，其知识与才能的组成比例是完全吻合的。

组织构成图表

图 5-2 与图 5-3 这种形式的一览表，对于社会组织的构成和对其进行监督是非常有利的。运用这种图表，能让人尽快掌握这个组织和各部门的情况、各部门的界限与指挥系统。相对于那些冗长的表述来说，它一目了

然，并且它还能让人很快发现某些弱点，如部门重叠、越权现象、没有正式配备人员的职能、缺乏统一领导等现象。这种表达方式适用于各类企业——大企业或者小企业，新成立的、发展中的或者衰退的企业。对于新成立的企业来说，企业会按组织图表来进行部门划分，随着招聘与各部门的组成，所有人员都分配到各部门去登记注册。

当然，一览表的使用并不仅限于创建组织，在创建工作结束后，人员已经出现变化，此时一览表也随之出现新的变动。然而，社会组织的任何一部分的任何变动，都可能引起局部的反应，乃至影响到整个工作的开展。此时，应当经常按照实际的变动来更新、修改一览表，能及时发现和避免不良反应。在这种条件下，它就成为领导的一个极为宝贵的工具。

组织图表上，人们能看到全体人员、每个部门的构成和界限、每个岗位的负责人，也能看出一个人所服从的领导以及他指挥的所属人员。但是，并不要求从图中

看出所属人员的个人价值、权限、责任范围以及任命接替人员的情况。对于这些情况，应该再另行制作一张一览表。参谋部门的构成也必须在组织图表以外另行开列。我们能在本书的第三部分看到几个企业实践中使用组织图表的例子。

招聘

招聘就是努力获得构成社会组织的必要人员。对于企业来说，这是最难完成的工作之一，因为它事关整个企业的命运。如果人员挑选得不好，选择得不好，对企业人员队伍的构成有重大危害。一般来说，工人选择得不好，还不是很严重，但是如果上层领导选择得不好，问题就严重多了。而且，人员等级越高，挑选难度就越大，我们用几个小时或者几天的时间就能预测到一个工人所起的作用，而要想了解一个工长所起的作用，可能需要几周或者几个月的时间，而要了解一个大企业的领导者的价值，有时要经过几年时间才会比较确切。因此，在选择高级领导这样的问题上，一定不能疏忽大意。任何一家企业，最令人关心的问题之一就是招聘问题，尤其是大企业。股东会议最重要的工作就是任命董事会，而董事会最关心的是要有一个好的总经理部门，而权力执行机构最关心的就是挑选各等级的人员了。

几年前，法国冶金委员会发起了一场争论。这场争论足以表明无论是工业界还是一般的公众，都十分关心挑选工厂高层人员的问题。法国冶金委员会主席向公共工程部长寄去了一封公开信，这封信中说：

近些年来，那种知识渊博、思路清晰且判断能力强的人越来越少了，这样的人能创造和领导一个大的企业。尽管法国是个自然资源不足的国家，但由于他们卓越的才能让法国在科技和工艺上的地位一直位居世界前列。

当下有很多年轻的工程师，他们是不能在报告中清晰表达自己所思所想的，这也就导致人们无法清楚地了解他们的研究成果和他们观察到的结论，所以不少人都

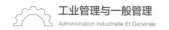

无法有效地发挥他们所学的技术知识。

在冶金委员会主席看来，造成这种可悲情况出现的很大一部分原因是 1902 年以来大学中等教育所贯彻的新方针。真正能很好地领导大企业的人少之又少，而无法清楚地做报告的工程师却越来越多。这些现象都是我们能直接观察到的，且结果又相当严重，这就需要我们不断寻找原因和解决方法。

在我看来，真正的原因并不在于中等教育，而是工业集中化以及对高等技术教育的理解和其实践方式所造成的结果。看起来，大企业的领导在工作中是有很多困难的，要了解这些困难，我们只需要看他们在工作中担负的繁杂任务就知道了。这些困难来源于事物本身的固有的、复杂的性质，而且从未消失过。然而，工业的发展和集中是近期才出现的，并不是一直存在的，这就造成了大企业的比例大幅增长，而大企业的领导者就显得少了。

在以一个企业代替某些中小企业的过程中，工业集中化产生许多影响，导致了类似的结果——形成大型企业，它需要比以前更有管理能力的人。

在中等企业中，在客观的需要的情况下，各部门的领导者在一定范围内可以了解到相邻部门的情况，在一些大型企业尤其是特大企业中，任何一个部门都相当重要，它的领导者将自己的精力、时间和智慧都放到了部门工作中。在这些部门里，他可以升到高级地位，但这一部门领导的职位也常常就是他毕生事业的终点，而这再次使一批杰出人物丧失了被培养成为企业领导者的机会。

因此，工业集中化的出现造成了企业对领导的需求增加了，但是又使他们的培养工作难度更大了。我认为，高等技术教育需要进行改进，使它比目前更能满足工业需要。

培养人员

企业人员所要具备的知识和能力的比例需要衡量，人员职位越高、越复杂，衡量难度就越大，但是我们还是要根据每种情况进行特别研究。选择人员固然困难，但难度依然没有培养人员大，任何一名工作人员，无论他是技术的、商业的、金融的、管理的还是其他方面的人才，他的才能都不是与生俱来的。而为了让他获得这些能力，我们就需要对他们进行培训，这些培训并不是由一方就能完成的，它需要家庭、学校、工厂与国家进行长期艰苦的努力。在任何一种类型的企业中，其人员的培养问题都是重中之重，包括工业、商业、社会——各方面都做出了巨大而相同的努力来培养好的工作人员和好的领导。

矿业冶金工业人员的培养

1. 学校的作用

（1）高等技术教育

在法国，采矿和冶金工业的高级雇员和管理人员从各种地方进行招聘，但他们大部分来自土木工程的高级机构（国立巴黎高等矿业学院、圣太田国立高等矿业学校、艺术与制造中央学校等）。这些学校的入学考试和教学大纲提供了支配它们的主流思潮。

首先让我们看到的是，这些课程几乎完全是技术性的，既不存在管理问题，也不存在商业问题，更不存在金融问题，也几乎不存在安全问题（在商业安全的意义上）和财务问题。让我们补充一点，普通教育在毕业评定中起不了什么作用，身体素质和道德素质根本不包括在内。最后，要注意的是，入学考试把数学放在具有压倒性重要程度的层面。

这种训练与工程师和工业领袖必须具备的素质和知识之间存在着如此大的差异，因此设想的结果没有实现也就不足为奇了。因此，我们的土木工程学院似乎没有意识到健康和身体健康被认定是工业机构管理者最重要的基本素质之一。英国人更重视这方面的素质，也许他们又做得太过分了。虽然对体育的兴趣正在我国 ① 出现，但我认为，在这方面我们还需要很长一段时间才会有走向"过分"程度的危险，而且公众舆论还需要做很多工作来促使教育机构对学生的健康和身体健康给予足够的关注。

有进取心、分寸感、勇气感、责任感等，这些都是赋予高级工业员工巨大价值的道德特征。要让未来的管理者意识到这些品质的重要性，为时过早或过于强调都是不可取的。

在我们的土木工程学校里，与体育、道德教育一样不受重视的还有一般文化知识，因为学校将所有精力都放到了技术问题上。不止如此，他们的学生也是根据数学成绩来挑选的，另外，就连预备课也特别重视数学，而且预备课里几乎谈不到学习文学、历史与哲学。

现在，大部分的企业领导与工程师，都有出色的口

① 指法国。——编者注

才和书写能力，它们并不需要高等数学。大家不理解，简单的三率法对企业人员与军队首领来说已经够用了，在简短的 4 ～ 5 年学习生涯中，将时间、精力用于学习数学本身就是一种错误。后面我还要谈到这个问题。

①管理知识

在大型工业企业中，最迫切和最直接需要管理者注意的职能是管理职能（行动计划、招聘、组织和人员管理、协调、控制）。紧随其后的是技术和商业功能，最后是对个人干预需求较少的金融、安全和财务功能。领导的管理职能的工作是最耗时、耗精力和工作量最大的。

对一个任职分部领导的工程师来说，管理能力与其技术能力是同等重要的，其实不难理解：比如，一个高炉、炼钢部门、轧钢部门等冶金分部的领导。几年来，他不可能是只从事冶金部门的工作，更不是只局限于冶金部门的某一局部的范围，而他在校期间学习到的关于矿业、铁路、建筑等内容的细节，在实际的工作中，只会用到一部分，而一些管理工作，如人员管理、发号施令、制订计划等事物都会牵扯他的精力，对于他已达到的等级，以后能承担的工作及自己的晋升问题来说，在很大程度上可能取决于他的管理能力，而不是他的技术能力。如果他还要在企业内获得升迁，那么，他不但要补充管理知识，还要补充在学校也未曾学习过的商业与金融知识、财务知识。现在，对于如何制定出一套比较符合既定目的的教学方法，可以说是呼之欲出了。

　　无疑，对于工程师来说，掌握大量的技术是重要的，这样他才能参与到人们要求他从事的技术活动中。但是在大型工厂里，人们并不会对一个刚毕业的学生抱有过高的期望，比如，希望他们能一开始就管理一个高炉，就能管理矿井的挖掘工作或制造一台机器，这些对于曾是考试第一名的学生也不可能做到，只有在经过一段时间的入职培训后才能完成，这是正式工作的准备阶段。从管理的角度看，这种准备阶段是完全必要的。没有这个阶段，或者缺乏商业、金融、安全与财务方面的足够知识，对于培养工厂高级人员来说都是天方夜谭。

我认为，在我们高等土木工程学校目前的教育中，存在着两个错误。第一，对于工厂领导、工程师的能力定位在其技术能力层面。第二，衡量工程师、工厂领导的能力主要看其学习数学的年限，这种错误比前一种更为有害，且难以消除。

②滥用数学

我们从不否认，数学是教学中最重要的课程之一，是发展物理科学、机械科学的重要工具，是任何献身于工业的人都需要具备的知识，但是人们不可忘记的是，学数学要有一定的限度，绝不可滥用数学。

文学、哲学、生物学、化学与数学一样，都是推动社会进步的重要因素。那么，人们是否也能以此为借口，要求未来的工程师们也必须几年内学会这些学科的知识呢？人们滥用数学，认为掌握的数学知识越多，管理能力就越强，他们认为在提升自己的判断能力方面，数学知识起到了不可替代的作用，而在我们国家，这些错误的看法带来了一种严重的偏见。在我看来，对于这样的认识提出质疑，并与其做斗争是有意义的。那么，这种对数学的滥用是从什么地方开始的呢？

为了便于讨论，对于没有纳入中学会考大纲中的数学，我将其称为高等数学，这个大纲是一般普及教育的一部分。超过这个部分的数学，在巴黎综合理工学院和巴黎土木工程学院里被称为"专业"数学。实际上，在这些学校的应试考试中，数学已经成为必考的一门学科了，对于那些开始进入"专业数学班"的年轻人来说，他们不只是接受一般数学教育，而是已经开始接受"专业化"的教育了。

在长期的工作经验中发现，对于管理企业来说，高等数学并没有人们想象的那么有用。就拿采矿工程师与冶金工程师来说，他们几乎从来都用不到高等数学，但让人遗憾的是，我们高等学校的学生不得不接受漫长的数学学习，却忽略了本应该真正习得的东西。工厂也需要年轻的、身体健康、体力旺盛的工程师，我希望人们能减少学习数学的时间，而增加学习管理方面的知识的时间。

在 1900 年的矿业冶金会上，我得到了这样一个公开
发表自己看法的机会，在我发言之后，会主席哈顿·古
皮耶尔（Haton de la Goupillière）发表了如下讲话：

先生们，从你们的掌声中，我们就能看到法约尔先
生刚才的发言是多么正确……然而，接下来，为了让数
学得到某种辩护，我会发表一些与众不同的看法。

先生们，在我开始步入工作岗位时，纯粹的数学教
学就是我的工作，我在巴黎国立高等矿业学院或索邦大
学任职了 20 年，教授的是微积分学和机械学。在矿业学
院，我认可法约尔在这里所发表的那些看法，所以将我
的微积分课的课时压缩到十节，这样学生们才能顺利学
习后面的课程。后来，我改变方向，转而去教授矿山开
采和机器的利用。我让非常出色的一位数学老师担任其
中的一些数学分析课的教师，他认为，必须要用一种完
全不同的方法来教授这一课程。自此，我的"继承者"

所带来的这一改变就保持下来了。不过我依然认为法约尔先生的观点是正确的，而且我认为，这类教学应缩减到学生们未来会用到的那部分最合适。

然而，我对这一问题依然会保留自己的一部分看法，这不只是因为我认为工程师应该担起一部分未来工作中的计算工作。当然，法约尔先生认为这一部分工作未来一定会变得不再重要，而且他还认为学生首先要能适应矿业学院的学习。在矿业学院，在可能的情况下，教学中必须用精确的数学公式来阐述问题。

但是，先生们，我始终认为学习数学能有效地训练思维，一旦具备了工程师敏捷的头脑，只要你愿意，你就可以放弃学习数学了，你的学生就有可能成为有名的工程师或能干的管理人员。对于同一个人，如果他在学习时学到的数学知识不够多，他可能一辈子也无法达到同样高的水平。

以上就是我想对法约尔先生这位最杰出的、最尊敬的对手做出的讲话的唯一修正，同时，我想对他说，他的讲话能在最大范围内产生良好的影响，是因为他自身就具备了良好的条件，因为他是圣太田国立高等矿业学校董事会的成员。这一委员会除了包括教师外，还有大量的工业家。确实，在工业部门的重要地位和超高的理解力方面，人们再也找不出第二个和他一样重要的人物了。

由此看来，哈顿·古皮耶尔先生这位杰出的数学家和教授是同意我的观点的——他认为应该将对学生的数学学习减到适合未来学生们需要的范围内，这对我来说是最大的支持。我们还需要明确的一个问题是，为了单单培养学生的判断力，工程师们是否真的要花几年时间来学习数学。

毋庸置疑，和其他基础知识一样，学习基础数学是有助于培养判断能力的。但是对于在未来的工程师身上强加过重的高等数学学习，并认为这也会有同样的作用，我是持否定意见的。事实上，任何一种过分的科学教育都会对人的身心健康造成伤害，学习数学也是如此，长时间过重的数学学习只能使平衡的头脑迟钝。人们发现，不少卓越的数学家，他们并不具有实用的理智，而许多有理智的人并不是数学家。

奥古斯特·孔德（Auguste Comte）指出，与最复杂、最微妙的社会现象相比，数学活动则是最简单、最"粗糙"、最抽象或者最贫乏，而且离现实最远的现象。

如果判断力的获取在于是否学习高等数学和对于高等数学掌握程度的多少，那么人类在久远的时代大概就失去判断力了，而且现在也很少有人能拥有它，我们生活中的律师、教士、医生、文学家、商人可能都失去了判断力。在企业中，并没有学习过高等数学的工长是有很强的理智的，家庭主妇们也能将家务管理得井井有条，按照这一逻辑，这些人可能都失去了这一宝贵财富——判断力，而只有数学家才有判断力。事实上，没有人会支持这一看法，数学产生的教育作用与古代的文学相比并不会更多，这种教育效果主要存在于生活里常常出现的社会问题之中。真正有助于培养判断力的方法是用大脑去思考、去解决，不管是什么性质的问题。

然而，高等数学在法国享有相当高的声望，这是无可争议的事实。这是为什么呢？这不可能是由于数学为工业领导提供的服务，因为后者不需要它们。难道是因为他们对军事领导人的贡献吗？也不是。一位将军说："科学和工业进步有利于抵御外辱，据说战争的进行将完全科学化，需要先进的数学知识。没有什么比这更不符合战争精神的了。至今，简单的三率法对解决军事行动中的计算问题就够用了，今后也如此。"

如果人们了解拿破仑的作战风格以及他在 19 世纪开始前 15 年从事的研究，就会发现，我们的战神是从不会使用那些复杂的数学公式的。这样看来，我们确实也无法找到为何数学有这样高的国家威信了。

我们再来看矿业与冶金企业中的工程师，无论他们是毕业于中央学校，还是矿业学校，或者是工艺学校，我从未看到他们在自己的工作中使用高等数学，只有那些从事建筑行业的人——一般是学习这些工艺的学生，他们在此之前没学过高等数学，他们需要去公式汇编中寻找这些公式。其实，大企业领导的基础科学——管理学，与高等数学没有任何共同之处，这一点已经不需要我们再指出了。

我发现，唯一能解释数学在我国享有威望的原因是：巴黎综合理工学院在我国享有极高和应得的威望。这种威望来源于：

第一，国家在公职与军队里为这一学校的学生保留了职位，因为在这些职位工作的学生对于另外一些在国营和私企工作的学生影响甚远。

第二，这些学生自身的价值观。

与此同时，一些勤奋、聪明的学生们为了进入这所在法国有很高权威性的学校，会付出一切努力，家庭和学校也会协助他们实现这一目标。然而，要考进这所学校，必须要有出色的数学成绩，所以公众的结论是：数学是一门特殊的科学，因为它将人们引向深受人们欢迎的地位。这里的人们把结果当成了原因。在大家很重视的巴黎综合理工学院中，数学其实并没有起到什么决定性的作用，人们之所以重视它，是因为国家给予了这些学生一些特权以及学生本身起到的作用。

如果没有这些特权，学校的威望很快就会丧失，数学是无法将这种威望维持下去的。相反，如果保留特权，学生们在参加入学考试时将数学放到和化学、体育或者地质学同等重要的地位，后者会使口才、写作置于比数学更重要的位置，那么这所学校还是会和从前一样让学生趋之若鹜。大多数学生也会较有能力地担任人们专门留给他们的职位，高等数学在学校的绝顶地位就彻底丧失了。

由于巴黎综合理工学院的学生是从全国最优秀的学生中选拔出来的，无可非议，他们本身就是很出色的，但是如果他们不学过多的数学，他们就不优秀了吗？其实，不强制他们学习过多的数学，是有益无害的，这是最明显不过的了吧。

此时，人们可能会感到好奇，既然企业管理中用不到高等数学，工程师和军队人员用得也很少，学习过深的高等数学也会影响学生灵活的头脑，这对他们判断力的培养并无益处。那为什么高等数学在巴黎综合理工学院的招生大纲和学生学习过程中仍然占首要地位呢？一般看法认为，这样做是因为主考官用数学来评分更为简单直接，在了解到这一点后，我深感痛心。

无论如何，我都衷心希望巴黎国立理工学院能减少数学课程的数量，并提高文学的教学地位且开设管理学的课程。另外，我坚信即便这样做，在整个法国这一学校的地位都不会动摇，而那些自以为必须仿效它的土木工程学校很有可能会停止让学生们参加那些无益甚至有害的考试。

③学习期限

我在 1900 年矿业与冶金会议（Congress of Mines and Metallurgy）上曾这样讲过：

我们未来的工程师在学校学习数学的时间过长，企业各部门需要的是身体健康、思维敏捷、谦逊有礼且充满幻想的年轻人。但事实上，这些工程师们是一些看起来疲倦不已、老气横秋、精神状况极差的人，他们对于工作的适应能力和变革事物的能力都与人们的期望大相径庭。

我相信，在删去那些教学中无用的东西后，能让这些工程师们尽早深入实际生活中，他们也会在实践中得到锻炼和培养。

自 1900 年以来，关于我对工程师学习期限的很多意见得到了验证。我认为，要将一个受过中等教育的优等生培养成一名高等技术学校的毕业生，4 年时间绰绰有余。年轻的工程师在 21 岁或 22 岁时就可以进入工厂中工作，在这样的年龄段，他完全有能力成为一名有用的人。对今天大学中缺少的管理、商业、金融、安全与财务课程，还应花上半年的时间学习和培训，然后才能胜任工作。这样，我们至少可以节省用于学习高等数学和技术课中某些没用的细节的 2 年时间。我深信，在培养土木工程学生方面，运用这样的方法培养出来的学生，比用老办法培养出来的学生要优秀得多。剩下的就是军队方面的问题，我认为已经没有必要再进行研究了。

对于年轻人的培养问题，无论人们如何深切关心，都是能被理解的，因为他们是国家未来工业的主力军。正是基于这一思想，我决定给年轻人提一些建议，如果我能做主的话，我将十分荣幸能在他们离开学校、即将步入社会时送给他们。

④对未来工程师的建议

当你们想到自己未来将会成为对社会有用的人，一定会觉得很幸福。将来，你们都会在自己的工作岗位上发挥才能，但你所需要具备的素质并不一定能使你名列前茅。例如，身体健康情况、管理的艺术、举止等，这些都不是你们考试的范畴，但对一名工程师来说却是极为重要的。那些名列前茅，甚至获得第一的人，在未来却未必能获得最大的成就，我们对这一点早就不感到奇怪了。

现在，你们还没有做好成为一名企业领导，甚至是一个小企业领导的准备，因为学校并没有传授给你们这些经验和知识。这些知识是管理知识、商业知识和一些必备的财务知识，即便学校传授给了你们，你们依然缺乏实践经验，而且这些经验只有在接触了一定的人和事后才能获得。你们也从未接受过立刻要成为一名大技术部门领导的训练，也不会有哪个工厂的领导轻率到立即就交给你打矿井、管理高炉或轧钢机的任务。你们首先要学习的是你不熟悉的业务，然后才能真正开展工作。不妨像你的那些前辈们一样，刚开始步入工作岗位时，当一名助理工程师或承担一些极不重要的职务。人们并不指望初来乍到的你能做出成熟的判断，不指望你在技术方面有高明的实践认识，也不指望你对所有与你的职务有关的细节都有广泛的认识。人们只要求你能根据你的专业在完成工作任务的过程中多思考、多观察，并做到勤勉努力，能根据你已经拥有的理论知识熟悉且把握各种工作的细节。

未来，你的前途如何，不只取决于你的技术能力，更取决于你的管理能力，对于新上任的人来说，懂得高深的技术知识，懂得指挥、计划和控制是对技术知识的很好补充。人们评价你的标准不是你懂得什么，而是你在工作中做出了怎样的成果。作为工程师，如果不与人合作，只能完成少量工作，即便在他刚开始接触工作时也是如此。懂得怎样运用手头的人力资源对于工程师来说也是必须要学习的一门功课。

开始工作时，工厂会配备一些工长来为新人提供帮助，这些工长都是老工人了，是工厂根据品性、理解能力、指挥能力，从众多工人中挑选出来的。他们车间工作经验丰富，且了解工厂的情况，而这正是你所缺乏的，他们也知道这一点。他们知道你比他们知识更丰富，为此也非常尊重你，互相了解应该是你与这些工长之间合作的基础。你不要忘记，这些工长具有多年的工作经验，他们的判断能力也很出色，与他们多交流、向他们多学习，你能获得宝贵的经验，而这些都是学校教育所缺乏的。

　　与工人们打交道的过程中要保持好的礼仪，尊敬和关心他们，你要保持敏锐的观察力，多研究工人们的行为、能力与工作情况，甚至还要分析他们的个人利益。你要记住，在社会组织中，各个阶层都有优秀的人，只要领导得当，工人不仅能做到纪律严明，还能在危难时刻发扬自我牺牲的精神。在工作中，你说话一定要小心谨慎，把握好分寸，不应批评就一定不去批评。如果在工作中做出了错误的判断，你要公开承认出现错误的原因是你对事实或者规章制度没搞清楚造成的。履行你的职责时，要表达你的热忱，以此争取领导对你的好感，而领导如果待你热情，你切不可得意忘形，滥用这种关心。对于你周围的人和事，不可随意评价，要谨慎处理并把握好分寸，要秉持有利于改进工作的原则进行评价，这样的评价才是合适的，而任何出于其他目的的评价都是草率且不受欢迎的。你要自信，但不能自负，也不要轻视其他人的见解，更不可贬低别人的经验，但同时你也应懂得，当你认为自己站在真理的一方且对此有把握时，一定要自信且热情洋溢地为自己争取支持者。如果你自己都说服不了自己，又怎么能说服别人呢?

你的专业工作绝不会占用你所有的时间，所以你要尽可能抽出时间学习。努力补充你的专业知识固然重要，但是其他知识也不可忽略，你会发现，那个你一直敬仰的领导也都在坚持不断学习。你也要相信你的周围有太多值得你学的事物。只要你全身心地向周围人学习，你会发现一切都是趣味横生的。你要将自己学习到的东西记录下来，慢慢就会发现自己真的记住了这些东西，如果你能整理学习到的东西，会发现自己做了一件十分有意义的工作。如果你热爱自己的职业，毫无疑问，你很快就会遇到使你感兴趣的问题并乐于研究它们。你会将业余时间充分利用起来，你会研究同样的问题别人是怎么做的，看看他的做法是否还有进步的空间。你绝对不能只靠每天的工作来增进知识，你要经常看报、读书，通过个人努力来深造和"充电"，否则只会让自己失望。

你要积极参加你所在专业的技术协会、聚会和其他专业性的会议，这样你就有机会认识行业内的专业人士，并从他们身上学习到更高深的专业知识。你也可以针对你研究的主题发表一些看法，当然，你要保持谦虚的态度，这样做将使你能够充分发挥才能。

你要认识到有一个健康体魄的重要性，他是你在社会中做出任何成就的前提。你在平时就要特别注意自己的健康状况，工作不要超出自己的体力限度，要做到劳逸结合。当工作忙碌时，你可能需要坚持日夜紧张的工作，此时，你可以间歇进行休息，这能让你恢复体力。当你的头脑已经疲劳得不再听你的使唤时，就应该停下来休息。从来不休假可不是什么好的习惯，这种习惯会影响自己的工作效率、工作数量以及质量。

作为青年人，你要有属于这一年纪应该有的勇敢、热情，绝不能自暴自弃。人们在工作中竭尽全力，不顾辛劳地坚持到完成任务，但当他们看到自己在人生上的成就时，会觉得一切都值得。青年人要有创新精神，勇敢无畏，害怕承担责任是弱者的表现。不要忘记为企业的发展贡献力量，不要害怕付出努力。当然，即使努力了也有可能失败，因为机遇和环境有时候对事业也有很大的影响，因此也影响到他们的领导者。我们不必夸大运气的作用，一个人第一次获得成功是运气，但如果总是成功，那我们就不得不承认，在他成功的因素里，最重要的依然是他自身的作用。

你们是知识界的精英，但是你们不应该对与你无关的事表现得很冷漠，你们应该了解影响现代社会各领域的思想趋势。你不应该只对自己负有义务，还应该对你的同事、下属、上级以及整个企业都负有义务。你的举止、态度、言行应该展现出强烈的责任感。最后，你要关心你的婚姻问题，婚姻是平民生活中最重要的事物之一，在很大程度上，它关系到一个人生活得是否幸福，甚至关系到一个人的成功，你应该努力寻找你的伴侣，而且应选择与你相配的伴侣。

（2）中等教育

公立的中等教育是为了进行普通教育，学生通过毕业考试取得文凭。它不为任何行业培养专门人才。在适应工业部门下层工作岗位的能力上，公立的中等教育培养出来的学生的能力是不如专业的工业部门培养的学生的。对于较高的职务，他们也无法胜任，中学的学生就好像只是加工的半成品，要成为有用之才就需要进行深加工。

对于未来的工程师来说，这种处理是在高等技术学院进行的，候选人在那里经过 1～2 年的预科学习准备后进入学院。如果中等教育的效果不尽如人意，无论是从国家需要的角度还是从青年的未来角度来看，都不是中学的责任，而是高等技术学院的责任。

承担责任的不是中学，而是决定入学条件的高等技术学院。中学服从于预科课程的教学大纲，但不对其负责。当有一天，高等技术学院对入学者的数学要求降低，而对表达的清晰度和一些管理知识的要求增加时，中等教育的教学才会与入学大纲保持一致，我希望这一天不会太遥远。

①大学教育

大学教育并非直接向工业部门输送人才，它培养的学生会服务于社会中的各个领域，从事各种职业，如医生、律师、教师、商业、农业、工业学校、军队等。这些年轻人在接受专业化教育之前，应该再接受必要的普通教育，那么大学是否对这些学生进行了这样的教育呢？从工业方面来看，锻造委员会会说，大学并没有做到这些，并且他们还将责任推给 1902 年制定的教学大纲。其他领域的一些社会代表提出的是相反的意见，但是大部分人保持沉默。

在我看来，大学教育并不是最完善的，并且我认为在教育的管理工作方面，如果统一行动、协调和控制这些管理准则能够受到重视，那么成绩将会更好。不过这不能归咎于教学大纲问题，而且我也不认为 1902 年的教学大纲如人们所说的那样有诸多缺点。从这一观点出发，我认为高等技术教育的缺点比大学中等教育多，我的看法是，应该首先将力量放在办好高等技术教育上。

②专业教育

工业部门发现，受到大学教育的学生中有很多不适合中层领导工作。中层领导大部分是从专业学校招聘来的，且专业学校的数目越多，力量就越强，这些学校的创办本就是为了培养工长和优秀的车间领导。很多行业，如农业、化学工业、电力工业、建筑业、矿业、纺织业等都有其下属的地方性专业学校。每年这些学校都能走出一批有能力的学生并组建成一支工作队伍。选拔工作一般是在初等教育过程中进行，因为他们是被选拔出来的，所以他们都是受过专业的训练的优秀分子，他们当中的很大一部分成了企业领导，也有一部分成了工业部门的高级领导。

令人遗憾的是，迄今为止，中等技术学校的大纲中还没有管理方面的课程，要想让这些学校的学生成为企业领导，就要让他们在计划、组织、指挥、协调和控制方法上有相当广泛的认识。

（3）初等教育

毋庸置疑的是，良好的初等教育是从事工业部门工作最好的准备和前提，在我们国家担负起初等教育的任务之前，一些大企业都有自己的学校，它们特别看重这种教育，它们通过优待成绩优异的学生，或开设高等课、专业课给予津贴，或其他办法来干预初级教育。

当下，矿工或冶金工人的文化程度普遍比半个世纪前提高了很多，这是可喜可贺的，但是距离我们的长期目标还很遥远。我认为，在初等教育中加入一些管理知识是很有必要的。对初等教育的学生来说，用两页文章或几张图表就能在他们的头脑中植入一些粗浅的管理知识，这对于他们来说就足够了。在日后的生活中，这些知识自然能得到发展。

2. 工厂的作用

刚离开学校时，人们的身份只能是一个学徒——学徒工、实习工长、实习工程师、实习厂长。也就是说，在他们结束了自己的专业学习时，他的培训也不全面，他缺乏在人的因素与商业斗争起主要作用的环境里工作的经验。这一经验学校不可能教给他，学生的教育需要得到补充。在学校的作用结束后，工厂的作用就应该开始了。

工厂的教育职能在每一级都应执行，这种职能也应不断受到重视。人们应当注意发掘才能出众的人，鼓励他们积极上进地工作，应当多为这些人的创新工作创造条件，对于对工作热情和工作有较好成绩的人应当予以奖励。应不断进行人员选拔工作，这样才能建立起一个出色的、良性的工作队伍。

从企业内部培养和训练出来的人，无论他属于哪一级，与其他地方找来的人相比，这些人的工作能力都要强得多。甚至在企业内部进行选拔时，虽然免不了会产生令一些人失望的结果，但是从外部招聘的人会更让人失望——即使已经做足准备措施。各同类企业对各级人员的技术培训几乎采取了一样的方法，这些方法都是来自原理和实践经验，参与培训的人员只需用眼看、用脑想，并且努力高效率地完成自己的任务。管理人员与技术人员的培养完全不同，培养管理人员并没有完全标准的方法，这就导致了培养工作中矛盾、困惑的出现，人们只是从中看到了领导者的决定作用，此外再难看到其他因素。

管理工作中一个重要的、不得不提的步骤就是要对各级人员进行持续的、有步骤的培训。在这方面，需要经过几年的努力，方能取得惊人的成绩，相反，如果是一名不明智的领导，要埋没一名人才的价值并不需要多长时间，尤其是管理人才的价值。

如果领导以身作则，向他的下属尽可能多地介绍管理上的一般问题，如果领导让工长在向工程师传授经验的同时让工程师也教工长一些理论科学知识，如果领导让工长研究一下如何教育工人，那么企业在很短的时间内就能培养出精良的员工队伍。

3. 家庭的作用

像其他企业一样，家庭也需要管理，也就是说，它需要计划、组织、指挥、协调和控制。家庭可以成为一所优秀的管理学校，原则、程序、方法自然而然地渗透到孩子们的头脑中，为以后可能完善和传承的一般价值观奠定基础。

从管理的角度来看，家庭提供了多样的范本，从最好的到最差的，而且没有任何明显的变化。只有一种正式传授的理论，然后提供给大家讨论，才能结束我们的家庭不得不自行摸索管理方式的现象。只有这样，家庭才能在年轻人的管理培训中发挥应有的作用。

4. 国家的作用

国家可以通过学校和其自身的实例来对公民进行管理教育。不过，我们看到的是，到目前为止，差不多法国所有的公立学校都不重视管理教育，在这方面，一切都应从头做起。国家也像家庭或工厂的范本一样，其价值各不相同，而且不断变化，十分不稳定。在国家机构的各个主要业务部门，只有那些智慧非凡同时又有处事经验的人才能应用计划、组织、指挥、协调和控制来从

事工作。然而，当下的公务员录用制度常常给他们招来了一些外行当权者，这些人在未经训练或者训练成效不佳时就被任用了，这就导致他们根本无法承担责任与困难。在这样的条件下，管理工作必然搞得时好时坏。好的时候可能非常好，但是这种管理状况不适宜作为对公民进行管理教育的实例。我相信，要改变这种局面，需要一种健全的管理教育。

三、指挥

社会组织建立后，需要考虑的问题就是如何让这些组织发挥作用，此时就是指挥的任务了。指挥任务要分配给企业各级的领导者，每个领导者都有着各自的任务和职责。对每个领导者来说，他行使指挥权是为了让企业获得最大利益，是为了让员工为企业做出最大的贡献。无论是大企业还是小企业，判断一个领导者指挥艺术的高低都是由人的某些品质和对管理工作一般原则了解的多少来决定的。指挥艺术与任何一门艺术一样，在精通程度上也有差别，指挥工作做得好，企业就能达成最高生产效率，企业便能得到公众认可。不管是在工业、军队、政治或其他任何领域，大单位的指挥工作要想做得好，前提是领导必须由能力突出的人担任。为了便利指挥工作，在此我只提以下几项要求。担任指挥工作的领导应做到：

（1）深入了解自己的员工。

（2）淘汰没有工作能力的人。

（3）了解企业与员工之间的协定。

（4）做出榜样。

（5）定期检查社会组织，且要制订成表。

（6）善于利用会议和报告。

（7）不要过度拘泥于工作中的细节。

（8）团结员工，保障员工有积极工作、勇于创新和忘我工作的精神。

深入了解自己的员工

面对一个有成百上千员工的大企业，作为领导者一开始会觉得解决问题难度太大了，但在克服这一困难的过程中产生了企业中的社会组织，社会组织的参与使困难大大减轻。无论领导处于什么级别，他能直接指挥的部下通常都很少，一般来说不超过 6 个人，当工作很简单时，只有工长有时能直接指挥 20 ~ 30 个人。即便是企业规模很大，领导也能直接了解他的部下，并且可以清楚地对每个人给予不同程度的期望和信任。

这种了解并不是一蹴而就的，而是需要时间的。部下的职位越高，了解起来就越难，并且在一些大企业中，即便是领导者与其部下同处于最高阶层，也很难直接接触，因此相互了解的难度就更大。与此同时，高层领导职务的不稳定也导致他们很难做到了解部下。

还有一种情况，那就是领导是最高层，但是他的部下不是直属部下，而是最低一层的部下。领导者要传达工作，只能通过中间人。随着部下人数的增多，领导对他们的了解就越少。这种情况绝不应该妨碍任何个人的直接行为，其中包括榜样行为。

淘汰没有工作能力的人

为了使整个企业和员工都处于良好的状态，领导者应该淘汰那些工作能力不突出或者无法很好完成工作的人。无法很好地完成工作的原因有很多，但是无论什么原因，都不能成为将他们留下来的借口，这一点很重要，但常常又是一种不可推卸的职责。比如，一个资历高、受人尊敬和爱戴的老员工，他以前做过很多工作，但是他现在的工作能力大不如前，也影响到了整个团队甚至企业的发展，此时他就应该被淘汰。那么，谁来淘汰他呢？领导者应该担此责任，并且领导者不应为他找任何借口。

人们会回想起这位老员工过去所做的工作，也会想到对他的感情和他被淘汰后对他的打击，这些都会促使人们推迟对他淘汰的决定。而领导必须对整体的利益负责，也必须成为裁决者，因为整体利益迫使他及时地执行这项措施。职责已确定，领导应该灵活地、勇敢地完成这项任务，虽然这项工作并不是所有人都能完成的。很多时候，整个社会组织都可能因为淘汰了一名成员，尤其是重要成员而受到打击。如果社会组织的成员没有认识到淘汰工作是必要的，那么每个成员的工作安全感都会遭到破坏，导致他们对未来的信心将越来越少，也会缺乏工作热情。因此，让每个成员都认识到淘汰工作是必要的，而且也是正确的决定。为了能顺利进行这种淘汰工作，领导者应该代表企业给被淘汰者一些资金补助和一些荣誉上的满足，还可以安排他们从事一些没那么重要的工作进行补偿。

能力突出、平易近人的领导可以从以上这些方面，并从自己的情感角度出发，找到弥补因被淘汰而产生物质和精神上的创伤的方法。同时，他还应该找到让组织中所有人员对前途充满信心的方法。我们通过这个例子看到，淘汰职工中无工作能力的员工，要求领导者有崇

高的道德品质，尤其是要有勇敢无畏的精神，这种精神
有时连军人都很难拥有。

了解企业与员工之间的协定

一个企业和它的员工是通过协定联系在一起的，经
理必须确保这些合同得到执行。这就要求他扮演双重角
色，既要维护企业员工的利益，又要维护雇主的利益。
一个企业可能会受到多种攻击，这些攻击可能来自员工
对更多报酬或更少工作的渴望，或者来自懒惰、虚荣、
软弱和其他人类情感所支配的行为。在这些攻击中，最
可怕的是来自领导者自身对企业的打击，尤其是当他忘
记了整个企业的利益应该是他行为的唯一标准，也忘记
了他应该努力避免任何涉及家庭、同事或朋友的偏袒时。
要做到这一点，他必须具备正直、机敏和干劲，为了保
护员工免受雇主的虐待，他必须对协定有非常充分的了
解，并有强烈的责任感和公平感。但是，持续明智地遵
守协定并不能使他摆脱良心上的义务。无论是好的还是

坏的协定，它们都不会永远持续下去，总有一天它们不再适应当前的经济或社会条件，所以必须考虑到变化的存在，否则就有可能在某一天出现巨大的冲突。没有比企业领导亲自监督、遵守协定更好的解决办法了，如果他有权力的话，因时代和环境而必要时可以对协定进行修改。

做到公正严明且有强烈的责任感，并不意味着就可以高枕无忧了，因为一个好的协定一定不是一成不变的。好的协定也只是针对一段时间而言，随着经济、社会条件的改变，协定也需要进行修整和改革，否则早晚会引发强烈的冲突。监督协定遵守情况的任务最好由领导者来承担，而且如果权力允许，当协定因为环境改变需要修改时，也应该由领导者来承担建议和修改协定的工作。

做出榜样

每个领导都希望别人服从自己，但这种服从绝对不能来自害怕受到惩罚，否则企业一定经营得不好。其实有一种方法能让他人有效地服从于领导，且能让员工自动自发地工作，也能激发员工的创新精神——那就是领导者的榜样作用。

有些领导很容易就能赢得职工的服从、积极性和忘我的工作精神，而另一些领导就得不到这些。区别就在于他们是否给员工做出了榜样。当领导是个从不迟到或早退、不旷工的人时，谁也不敢迟到。当领导积极地、勇敢地、忘我地工作时，职工们也将效法他的榜样。如果他擅长此道，他会使人感到工作的乐趣。然而，领导同样也可以是一个坏榜样，整个企业会因为他而产生恶劣的后果，这就是为什么员工们都希望自己有一个好领导的理由之一。

定期检查社会组织，且要制订成表

不定期对机器的所有机件做检查是非常容易出错的，一些复杂的机器更需要定期检查。机器没有被定期维护，就会降低生产效率，工作中就会出事故，甚至会导致人员伤亡。当然，如果只是日常的、表面检查是远远不够的。也要对管理机构进行定期检查，但这样做的人很少，其原因很多：

第一，是因为人们没有很快确定可被采用的检查方式。虽然人们清楚地知道一个机器部件在正常运行时应该是什么样的，但对于运行一个职能的组织的组成元素应该是什么样，却很少有非常精确的想法。

第二，与具体任务相比，与人打交道需要花费更多的时间和精力。在人事问题中，改革必须建立在高度道德责任感的基础上，但是领导层不稳定，则无法保证这种责任感。可以肯定的一点是，我们需要制定一些规定来保证定期检查工作的执行。下面这种规定就符合以上要求：

"每年都要制订年规划，且要借用一览表来研究社会组织的构成。"

一览表中要展示出企业管理人员从高到低的等级链，并且要表明每个人的直接领导和直接下属。一览表能直观地描述出一段时间内企业组织的结构，如果有两张不同时期的一览表，就能表明这家企业在这段时间内组织机构发生的变化。

一览表对于定期检查工作来说是极其有必要的。在日常工作中，一览表能有效避免因为机构的不成熟变动而造成的错误形式的出现。社会组织的这些缺点是很难用文字描述的，但是一览表却能一览无余，这就好比与真实尺寸一样大小的一个量规，任何一个不符合规定的形状都能被找出来。

从统一指挥的角度上看，一览表也有很大用处。前面，我们已经提及双重领导势必会造成冲突，然而在工作中，组织上的一些不足常常造成双重领导。这通过一览表可看出，从而避免组织上会产生的缺陷。及时修订的人员一览表已成为企业领导，尤其是大企业领导经常使用的方法之一。

善于利用会议和报告

在领导与其他合作者一起组织的会议上，领导者可

以先提出一个计划，然后征求在场每个人的意见，最后确定自己的想法是否真的能被大家理解，而且每个人都要明确自己的职责。很明显，如果想达到同样的效果，不采用开会的形式，至少要多花费十倍的时间。

人们甚至可以说，如果与领导合作的是各部门的高级领导，正如大企业经常发生的那样，部门领导之间、部门领导与高层领导之前很少接触，此时如果不开会，领导即使花费再大的力气，也不可能取得开会所能达到的成果。

领导者应该对企业的一切十分了解，如果是小企业，他应该直接去了解，如果是大企业，则应该间接了解。领导者应该学会利用书面汇报和口头汇报这两种监督与控制工作的补充形式。

不要过度拘泥于工作中的细节

大企业领导在工作细节上过分在意且花费过多时间是一种严重失误，这些细节的工作，他的部下会做得更好。实际上，他也缺少时间去过问，这就导致产生了大量等待自己解决的问题。

一些人认为，领导者必须亲自过问那些小事，而一些人则不习惯于这样考虑问题。也就是说，一件事如果在领导不去插手的情况下下属便不能处理好，那么这种想法使得某些人在领导不在时，便将那些要解决的事情搁置到一边。可能一些人会认为，作为上级领导，日理万机是很正常的，这种见解并不正确。一名企业经理人应该始终保持只对重大问题进行研究、管理和检查。对于那些不是非要自己亲自去做的事，领导可以交给部下或者参谋部门去做，自己应该把精力放到常常引起他个人注意的问题上。

不在工作细节上耗费精力并不是说忽略细节，作为领导，应该事事都了解，但又不能对什么事都过度研究，都去解决。领导不应因拘泥于小事而忽略了重大事件，工作安排得好，才能有助于领导做到这一点。

团结员工，保障员工有积极工作、勇于创新和忘我工作的精神

工作中，职权确定得不合适、双重指挥以及受到了不该受的责罚，这些都会在职工中产生不和谐的苗头，要防止员工产生分裂苗头，领导者要想方设法保持员工的团结。在部下的能力足够且条件允许的情况下，领导者可以多给他们分派工作，这样能激发出他们的创新精神。不要害怕员工犯错误，并且，只要对他们进行合理的监督，由于他们犯的错误而产生的消极影响也是可以控制在合理范围内的。

在工作中，由于领导慎重地去引导部下而不是代替他们去做事，并且给予部下及时的赞扬和鼓励，有时候为了部下的利益而不惜牺牲自己的面子，所以领导者才能将一些有潜力的部下训练成优秀的人。如果各级领导都注意引导，那么整个职工队伍的质量都将得到提升，且为企业做出了巨大贡献。

反之，如果领导者傲慢无礼，对待员工漫不经心，对于部下提出的建议置之不理或者无限拖延，那么部下的创新精神和忘我的工作精神很快就会消退甚至消失。可见，无论是领导者的才干还是失误，都会有短时间内对职工产生的积极的或消极的影响。

当然，对于以上我们提到的这些内容，还有很多可以补充的部分。实践证明，这些建议都是有利于领导完成任务的工作方法。我们始终要记住，最好的乐器决不能离开演奏它的艺术家。

✍ 四、协调

协调就是指企业的一切工作都能和谐地相互配合，以便于企业能顺利运转和取得成功。协调就是指负责各职能的社会组织机构和物资设备机构之间，按照一定的比例各自运行，且有利于每个机构可靠地、经济地完成自己的任务。在任何活动中，不管是技术、商业、金融还是其他活动，都要牢记这种行动对企业所有职能的义务和后果。它要保持支出与财务收入相称，设备和工具与生产需求相称，库存与消费率相称，销售与生产相称。协调是要把房子建得既不小也不大，使工具适合其用途，道路适合车辆，安全防范措施适合风险。协调就是要主次分明，做到先主要后次要。

总的来说，协调就是让企业内的所有事物与行动都找到合适的比例，也就是方法能与目的相适应。在一个非常协调的企业里，我们看到这样一些场景：

第一，每个部门的工作与所有其他部门的步调一致，供应部门了解到本部门在什么时候应该为其他部门提供什么，生产部门了解自己此次的生产任务和目标，维修部门能随时保持设备的运转和维修工具都处于良好状态，财务部门始终能提供必要的资金，而安全部门能保证企业财产、设备和人员都处于安全的状态。企业所有工作都在按部就班、有条不紊地进行着。

第二，在每个部门中，各部门和分部门都被准确地告知他们在共同任务中必须承担的份额，以及他们应相互提供的援助。

第三，各部门及所属各分部的计划安排，经常地随情况变动而调整。

要达到以上这些结果，就必须有一位明智的、有经验的、态度积极的领导。

我们要了解，并不是所有企业都具备以上三个条件，因为在不少企业里，我们依然会看到以下这些不协调的现象：

第一，各部门不了解且也不愿意了解其他部门。各部门在进行工作时好像它们部门本身就是工作的目的与理由，好像整个企业的利益与它们无关，也不去打扰邻近的部门或整个业务。

第二，在一个部门内部，分部门和科室之间一样存在着一堵墙，互不通气。各自最关心的是自己是否处于安全和被保护的状态。

第三，谁也不考虑企业的整体利益，整个企业缺乏创新精神和忘我的工作精神。

在员工内部出现这样的情况对于整个企业来说是十

分危险的，这种状况不是经事先商量故意造成的，而是由于企业工作缺乏协调性而逐步形成的。一个优秀的人员，如果不经常思考自己对企业和社会组织所尽的义务，那么他的思想很快就会衰退。

召开各部门领导者的会议是让工作人员保持良好工作状态和顺利完成工作任务的方法之一。

1.部门领导的每周例会

会议召开的目的是根据当下企业各部门的发展情况以及工作计划执行的情况来明确各部门之间接下来的协作任务，利用领导出席会议来共同解决大家关心的问题。每周例会是不涉及制订企业计划问题的，不过各部门领导要根据工作发展情况来完成计划。每次会议会涉及一个短期计划——通常是一周的活动。在这一周里，要保证各部门的行动协调一致。

下面是某个大型矿业冶金企业领导每周举行的例会的实例，照这一方法，各厂矿的工作取得了出色的成绩。

在矿山或工厂中，每周开一次会，会议由总经理主持召开，且所有部门领导都必须参加。会议上，各部门领导依次介绍本部门这周的工作情况、遇到的困难、需要什么帮助和对问题提出的解决办法。总经理针对出现的问题或自己提出的问题征求全体部门领导的意见。经讨论做出最终执行方案。当然，也不会因为某位经理忘记而让任何问题从会议日程中取消。每次例会都要做记录，并且要在下次开会时宣读，一般这种记录工作都是由各部门领导挑选出来的秘书承担。

这种会议一般在一个固定时期举行，如果总经理不能参加，也会选择一个代理人来主持，而不是取消会议。各部门领导，包括生产或开采部门、供给、销售、维修、修建等部门都要出席会议。

由于会议让主管人员集中在一起，总经理可以对每个问题进行广泛、具体且快速的检查，这是任何方法都无法实现的效果。在较短的时间内（一般是一个小时左右），总经理就能了解到各部门业务的进展，他能同时对几个部门做出指示，且能指出各部门之间应该做哪些协助工作。在会议结束后，各部门领导也会更加清楚自己的职责，而且在下周开例会时也能知道自己该汇报什么。如果不开会，可能经常要花十倍甚至更多的时间，即使付出十倍以上的努力，也无法让各部门之间如此团结协作。

一般来讲，领导应当对于每周例会这一工作方法十分重视，在开会前也会做一些准备工作，比如，将要处理的工作记录下来，而且还要过问一下会议记录的整理工作。为了让会议的气氛保持和谐，让所有人都对会议内容感兴趣，他需要做出必要的努力。

会议开得好，总是有帮助的，不过这需要领导有一定的天赋，否则会议可能毫无生气，让人昏昏欲睡，也达不到开会的目的。在其他条件完全相同的情况下，一个能够充分利用会议的领导，要比不会这样做的领导能力强得多。经验表明，一个员工人数几百或上千的矿业、冶金企业每周召开一次协调会议就可以了。

经过更精确的观察，我确信对于这样任何规模的和类型的企业，都适合每周开一次例会。从协调的观点看问题，对于比较大的企业、对于政府各部门及政府本身来说，部门领导每周例会是必不可少的。我希望对于所有企业来说，都要将每周例会作为必须严格履行的一种义务。

2. 联络人员

要想顺利开展会议，就不能有任何障碍，不管是距离上的还是其他障碍，都不能阻碍部门负责人聚集在一起。如果只是存在异议，人们可以调整会议间隔。如果部门领导不能参加会议，此时就要让联络员代理出席，以便尽可能弥补缺口。其实，最好的联络员应该是经理自己，他可以挨个到各部门领导那里走一走，但是自身职责不允许他这样做。所以最好让其他人来做这一工作，联络人员可以是能力强的员工，也可以是能力一般者，这要根据具体情况来定。

联络人员一般隶属于参谋部门，关于参谋部门的职责和权限，我们在前面已经研究过了。在一个拥有各种厂矿的巨型企业里，一些厂矿相距近，另一些则比较远，总经理要着眼于全面工作，而地方领导则致力于运营好每个厂矿，将这两点结合起来，就能保证整个企业的工作协调。在大型企业里，会议的作用同样重要，超过了在中小型企业中的重要性。

为了平衡大型企业的社会组织和物资设备机构之间的关系，技术力量、商业力量、财务力量之间的关系和各种业务之间的关系，不只需要有一个好的计划和好的计划组织机构，更需要时刻保持各项工作之间的协调，要不断保持各个力量之间的平衡，要避免某一部门采取的措施意外地打乱了整个企业的计划与发展。为了保证统一领导和力量集中，为了使各部门的领导能为一个共同目标自觉合作，任何别的方法都比不上召开协调会议这个方法好。

当各部门领导能聚集在一起汇报工作情况，并经过商讨后获得一致意见时，他们之间那堵互不透气的墙就消失了。正如行动计划是预测工作必不可少的一部分，人事一览表是社会组织工作不可缺少的方法一样，部门领导会议也是协调工作必不可少的方法，它是一种特有的标志，如果没有它，那么任务很有可能出现问题。有这一标志并不是企业正常运行的绝对保证，还需要领导者很好地使用这一方法。能够使用各种工作方法是一门艺术，也是管理人员必备的一项重要才能。

✍️ 五、控制

在一个企业里，控制就是要核实各项工作是否符合制订的计划，是否符合领导下达的关于工作的要求。它的目的是指出弱点和错误，以纠正它们并避免再次发生。控制适用于一切事物、人和行动。

从管理的角度来看，必须确保计划确实制订好了，并将其付诸实施和保持更新，确保人员组织完整，使用人员一览表，根据原则行使指挥权，定期举行协调会议，等等。

从技术角度看，控制就是要了解工作的进展情况、工作中取得的成果、工作中的不平衡现象、设备维修现象、人员与机器的维修情况等。

从商业角度看，控制应确保进出的物资都符合计划规定的数量、质量与价格，而且要确保仓库做好记录等。

从安全角度看，控制要确保当下的安全措施足以保证财产和工作人员正常进行工作。

最后，从财务的角度来看，必须确保重要的文件能迅速到手，对企业的经营状况有一个清晰的了解，并确保在财务文件、统计图表中找到足够的审计元素，没有无用的财务文件，没有无用的文件或数据。

以上这些工作都属于监督工作的范畴，是否能做到位，依赖于企业领导和其助手的工作能力。例如，在一个冶金企业里，技术部门负责验收被送进厂的矿石，商业部门负责检查产品在销售前的情况，各部门监督其所属人员，而最高权力机构则需要监控整体运营情况。然而，如果控制工作的内容太多、太复杂、涉及面太广，不宜由各部门的一般员工来承担时，就应该交给一些专业人员做，这类专业人员就是检察员或监督员。

当然，此处我们所探讨的只是管理问题，所以对两个不同企业之间的控制问题就不讨论了。而且一般来说，这种控制与商品验收有关，应是商业部门的职责。我着重谈一下企业内部控制，这种控制的目的是保证各部门工作顺利进行以及企业整体成功运营。为了实现有效控制，需要限定时限，且应伴随一定的奖惩制度。很明显，如果没有及时给出控制结论，那么即使结论做得再好，也可能毫无用处。如果一种结论是符合实际的，但却被忽略了，显然这样的控制也是毫无用处的。这两个错误是良好的管理工作所不允许的。

在控制中，另一个要避免的危险是对各部门的领导和工作进行干预的问题。这是一种典型的越权行为，这种行为会造成下列最可怕的双重领导现象：一方是控制人员，因为他们的不负责，导致在大范围内造成消极影响；另外一方是被控制的业务部门，他们的权力被控制，这样就造成了他们无法采取自卫措施来对抗这种恶意的控制。侵占控制权的倾向在大规模项目中尤其常见，并可能产生最严重的后果。为了抵消这种倾向，必须在一开始就尽可能准确地界定控制权，并指出不能超越的限度，然后上级机构必须仔细监督控制权的使用情况。

了解了控制目的和执行条件后，我们就可以推断出，好的检查员应该是有能力和公正的。检查员的能力不需要证明，因为要判断一件东西的质量、一个制造过程的价值、书面文字的清晰度、所使用的指挥手段，显然在每一种情况下都必须有足够的能力。公正性取决于检查员的良知和对被检查人或物的完全独立。如果检查人员和被检查人员有一定的关系，比方说朋友、亲属等关系，最终的检查质量也会被人们质疑。这些是检查员必须满足的主要条件，它们包括能力、独立于被检查人的责任感、判断力和策略。

适当地进行控制，是管理的一个宝贵的辅助手段，可以为管理提供某些必要的数据，而各级监督机构有

时可能无法提供这些数据。它可以在一切事物上发挥作
用，而它是否有效地发挥作用则取决于管理层。一个好
的控制体系可以预防有可能演变成灾难的意外。无论
什么工作，都应该能够对"如何控制"这个问题给出
答案。

由于控制适用于各种类型的工作和各类工作人员，
所以它的运作方式千差万别，与管理的其他要素——计
划、组织、指挥和协调一样，控制这一要素在执行时也
需要领导者付出持久和专注的工作精神，而且往往需要
大量的艺术。